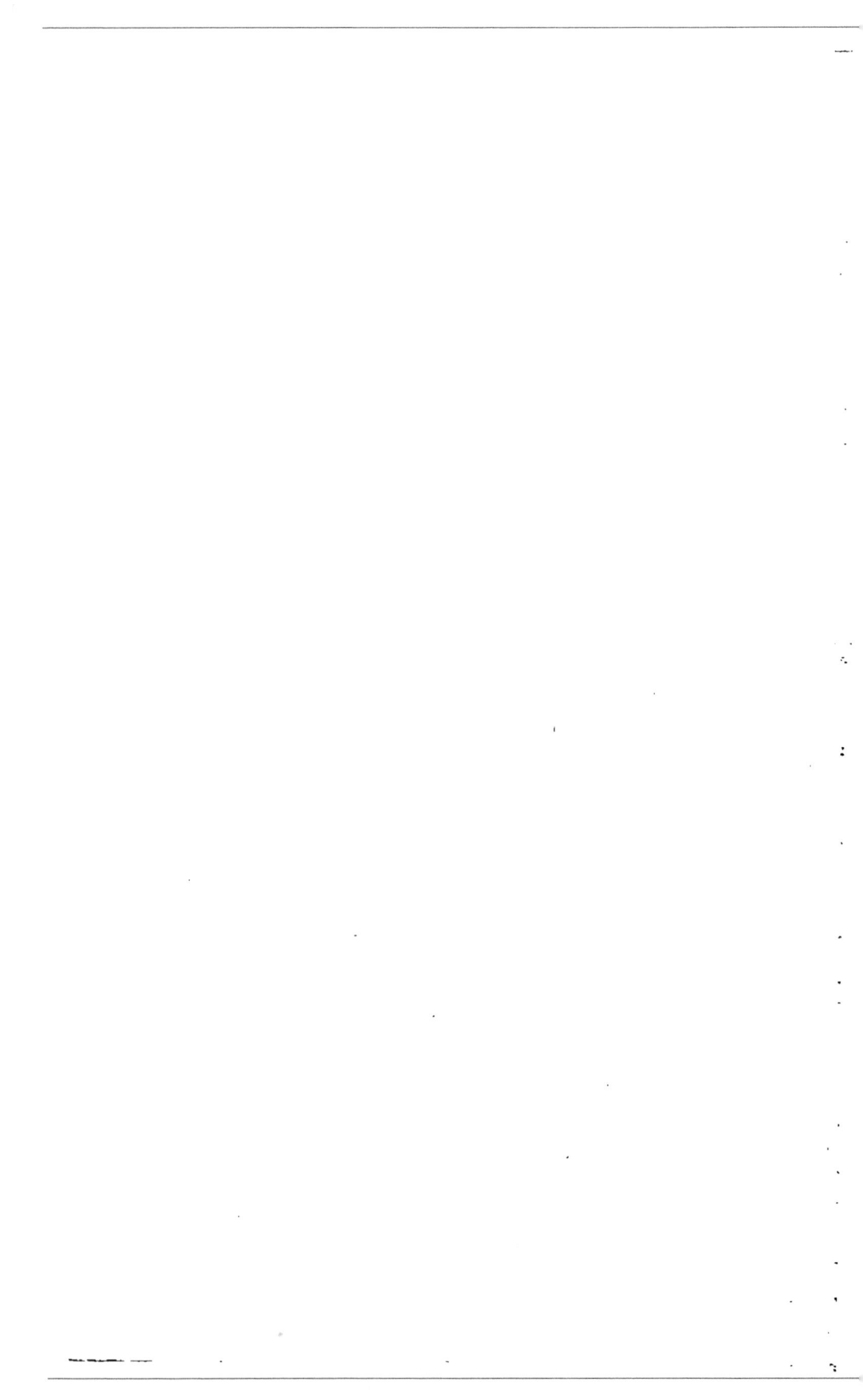

NOUVEAU GUIDE

DU VOYAGEUR

Au Havre et dans les Environs

PROMENADES MARITIMES

ET PITTORESQUES

A Tancarville, — Honfleur, — Trouville, — Etretat, — Orcher, — Montivilliers, — Harfleur, — Graville.

Par J. MORLENT

Conservateur de la Bibliothèque Publique du Havre.

HAVRE

Chez Mme BERTIN, Libraire-Editeur, rue de Paris, 51

1853

NOUVEAU GUIDE

DU VOYAGEUR

AU HAVRE ET DANS LES ENVIRONS

HAVRE. — Imprimerie de LEPELLETIER, rue Caroline, 6.

NOUVEAU GUIDE

DU VOYAGEUR

Au Havre et dans les Environs

PROMENADES MARITIMES

ET PITTORESQUES

A Tancarville, — Honfleur, — Trouville, — Etretat,
— Orcher, — Montivilliers, — Harfleur, —
Graville.

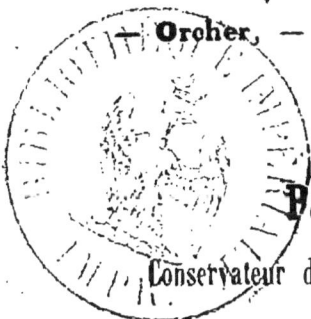

Par J. MORLENT

Conservateur de la Bibliothèque Publique du Havre.

HAVRE

Chez Mme BERTIN, Libraire-Éditeur, rue de Paris, 51

1853

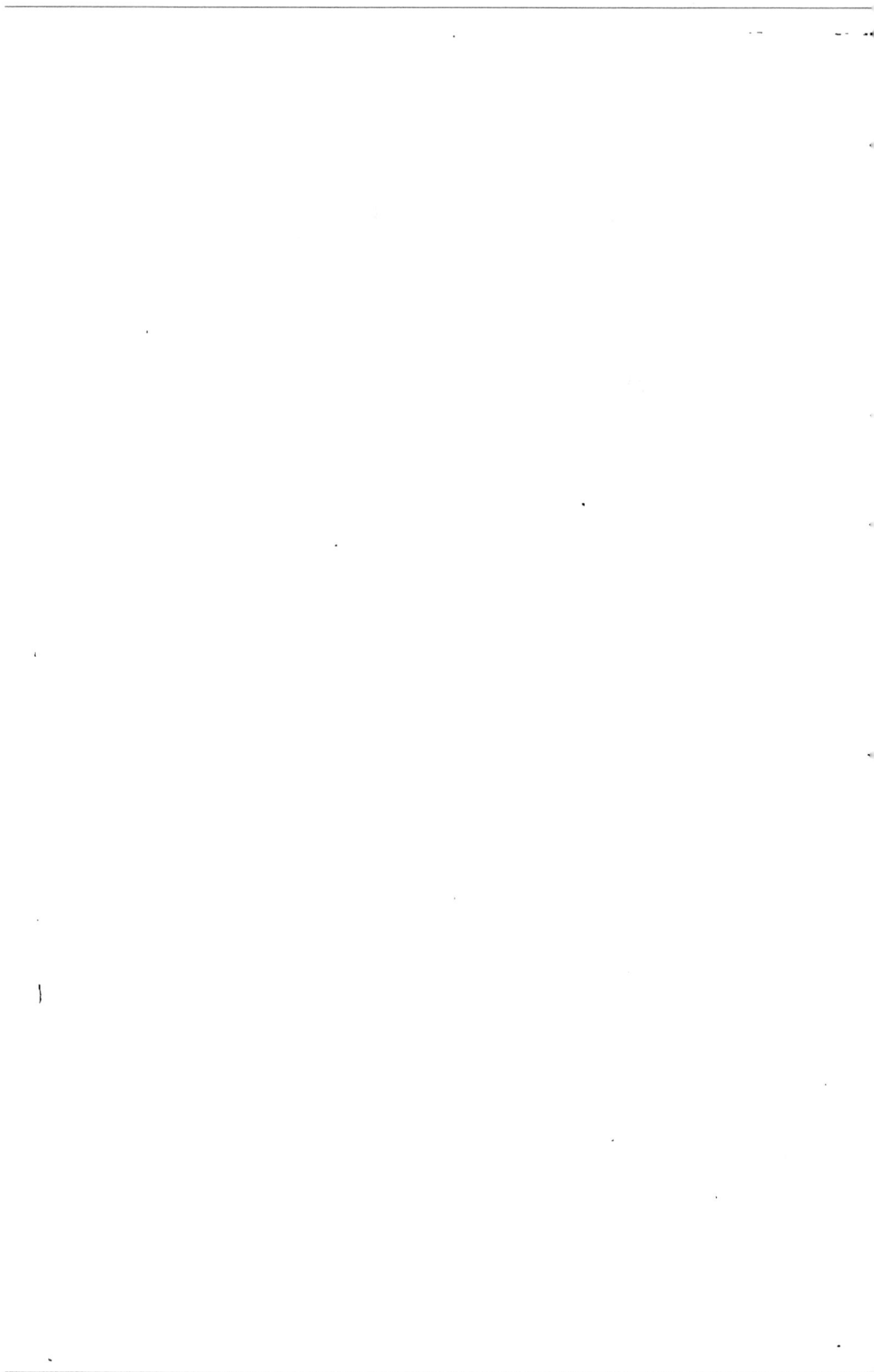

I.

La Baie et l'Embouchure de la Seine. — Les Rades. — Les Bancs. — Les Pouliers. — Les Jetées.

Le premier soin du voyageur qui vient au Havre pour voir la mer est de se rendre sur la jetée du nord-ouest, où il est toujours certain de trouver, à la marée montante, une foule de curieux, attirés sur ce point par le grand mouvement de navigation qui se manifeste à l'entrée et à la sortie du port. C'est aussi la position la plus commode pour jouir de cette animation maritime qui commence pour ainsi dire avec le flot, comme disent les hommes du métier, et qui ne se termine que lorsque la mer est tout à fait basse et l'avant-port à sec ou à peu près.

En portant ses regards au sud, à l'ouest, au nord, il voit se dérouler sous ses yeux une vaste nappe d'eau, bornée dans tout son contour par des côtes qu'il n'aperçoit que sur la ligne du sud ; celles de l'ouest lui échappent par leur éloignement, ce qui lui laisse cette illusion qu'un océan sans bornes est devant lui, tandis qu'il ne plonge réellement que sur un vaste espace désigné par les hydrographes sous le nom de *Baie de la Seine*. Sur cette baie s'ouvrent un grand nombre de ports dans lesquels il monte fort peu d'eau dans les marées des quatratures, ce qui en défend l'accès aux grands navires de commerce et ne le permet guère qu'aux petits caboteurs ou aux bateaux de pêche. Malheur aux bâtiments de guerre ou d'un fort tonnage qui s'y trouveraient affalés quand le vent bat en côte ; leur perte est certaine et l'histoire des naufrages est remplie des sinistres dont ces parages ont été et sont encore fatalement le théâtre à chaque coup de vent d'équinoxe.

« La baie de la Seine, dit M. de Givry, dans ses instructions nautiques, comprise entre la pointe de Barfleur et le cap d'Antifer, est l'une des plus vastes de la Manche : son circuit, abstraction faite des rives de l'embouchure de la Seine et de celles du Grand-Vay, est d'environ 96 milles de 60 au degré ; sa largeur est de 56 milles, et elle s'enfonce à 24 milles dans les terres, vers l'embouchure de l'Orne. »

A l'extrémité est de cet immense bassin, là s'oriente l'embouchure de la Seine. La colline de Beuzeval à l'entrée de la Dives, et qu'on n'aperçoit de la jetée où nous sommes, qu'à l'aide d'une bonne longue-vue, et le cap de la Hève qui termine, près de nous comparativement, l'anse qui se trouve à notre droite, sont considérés comme les deux principaux points qui limitent l'embouchure de ce fleuve. « En effet, dit le même auteur, la ligne qu'on imaginerait, tirée de l'un de ces points à l'autre, est à peu près le terme jusqu'où s'étendent vers l'ouest les hauts fonds formés par les alluvions de la Seine ; elle est, par conséquent, la limite de la navigation des grands bâtiments de guerre, et les navires du commerce ne doivent franchir cette limite qu'autant que la mer est haute et qu'ils sont destinés pour les ports du Havre, de Honfleur ou de Rouen. »

Sur la lisière de cette limite commence ce qu'on appelle la petite rade du Havre dans l'espace circonscrit par des bancs dont nous aurons bientôt occasion de parler, et le rivage compris entre le Havre et le Cap ou promontoire de la Hève. Cette rade, où le mouillage est bon, n'a qu'une passe praticable pour les bâtimens du commerce qui la peuplent quelquefois en si grand nombre, qu'il n'est pas rare d'y compter, à mer basse, des flotilles de plus de cent navires marchands.

La grande rade, qui n'est véritablement qu'un mouillage en pleine mer, fait suite à là petite rade. La tenue y est excellente, et l'on y est en appareillage en cas de mauvais temps.

Lorsque l'on contemple avec une attention suivie cette baie magnifique, le résultat de cet examen produit cette observation : c'est que les eaux qui la forment, quoique de nature homogène, n'ont pas sur tous les points de sa surface visible la même couleur, le même aspect : — Ici les ondes prennent une teinte d'un bel azur foncé ; un peu plus loin, cette teinte est d'un vert jaunâtre ; ici leur mouvement est rapide, là elles ont le calme apparent des eaux d'un lac ; plus loin encore, le flot amène des ondulations dont l'œil peut suivre les mouvements. — Ces phénomènes ont deux causes physiques, les courants et les bancs de sable ou de galets sous-marins.

L'explication de la théorie de ces courants, qui jouent un si grand rôle dans cette baie, ne serait pas à sa place dans cet ouvrage ; nous dirons seulement que les sinuosités du rivage en modifient la direction générale jusqu'à une distance de terre qui est d'autant plus grande que les pointes avancées du rivage sont plus saillantes, et que les anses qui les séparent les unes des autres sont plus profondes.

Outre les bancs de Seine, qui sont très nombreux à mesure que le fleuve approche de sa jonction avec l'océan, et dont les parties les plus élevées découvrent en basse mer, on compte les bancs de Trouville, du Ratier et d'Amfard, les Hauts de la rade et le banc de l'Eclat, qui sont indiqués sur les cartes marines.

Pendant près de deux siècles, le port du Havre ne fut garanti des invasions du galet et de la violence de la mer que par des jetées de bois. Sous le règne de Louis XVI, on pensa à établir la jetée du nord sur des bases plus solides en la construisant en maçonnerie, mais ce ne fut que successivement et depuis quelques années, que cette jetée conservatrice fut conduite au point où nous la voyons aujourd'hui. Ses beaux parements et ses parapets de granit, ouvrages tout modernes, ont imprimé un caractère de grandeur à cette partie capitale du port du Havre, qui brave audacieusement les froissements continuels du galet et les efforts incessants des lames qui viennent se briser contre son môle protecteur.

Un petit phare avec lanterne à feux fixes est établi au nord de cette jetée ; sa destination est d'indiquer, pendant la nuit, l'entrée du port aux navires.

A mer pleine, la jetée du nord est, en toute saison, visitée et par la population du Havre et par les étrangers ; car c'est à ses pieds que se déroule le grand mouvement maritime concentré dans le port et dans ses bassins, tableau sublime qui s'accidente à chaque instant du jour, spectacle magnifique auquel nulle œuvre humaine ne saurait être comparée ! Contre ce massif battu par les tourmentes de l'équinoxe, les lames écumantes se heurtent, se croisent, se brisent, et, lasses de lutter en vain, retombent en fine poussière sur la plate-forme. Là viennent s'inspirer les poètes et les peintres ; là Vernet et Gudin saisissaient les grandes pensées artistiques qui, reportées sur leurs toiles savantes, ont pris tant de vie et d'animation sous leurs pinceaux.

Abrité contre la tempête par ce colosse de granit, sur lequel s'appuie le fanal, un soir d'automne,

Victor Hugo, par reconnaissance, y laissa ces vers :

C'est toi, c'est ton feu,
Que le pêcheur rêve,
Quand le flot s'élève,
Chandelier que Dieu.
Posa sur la grève.

....

Par une belle soirée d'été, quand le ciel est pur, la mer azurée, la brise caressante, la jetée est un lieu de douce rêverie, d'extatique contemplation. Asseyez-vous sur le parapet, dernière limite terrestre, et puis essayez de contempler sans émotion les rayons d'un soleil mourant qui disparaît dans les anfractuosités de la Hève dont la grande ombre se projette sur le rivage !

Au pied des jetées gisent les Pouliers, amas de galet, de sable et de vase dont l'agglomération forme un fond assez compacte. Ce sont de terribles écueils qui se jouent de tous les efforts qu'on a tentés pour les faire disparaître ; les procédés nouveaux, les moyens extraordinaires, dont l'heureuse application a assuré le succès des grands travaux hydrauliques, n'ont pu triompher de la force d'inertie que ces masses ne cessent d'opposer à l'industrie humaine. C'est comme une lutte sans trève, une sorte de défi ; c'est enfin à qui se lassera ou de cette main ennemie qui jette avec une si déplorable profusion le galet à l'entrée du Havre, ou de cette main de l'homme, patiente et laborieuse, qui l'enlève péniblement, chaque jour, et le dépose dans les navires pour en former le lestage et l'envoyer au loin par delà les mers.

« Dans les marées de morte-eau, dit M. Bailleul, ou même dans les grandes marées, quand la mer commence à perdre, le poulier du nord compromet la sortie des navires que le vent, ou une fausse manœuvre font dévier du chenal et qui échouent sur son acore. » Le poulier du sud n'est pas moins redoutable pour les navires qui manquent l'entrée du port. Combien de bâtiments de la plus solide construction, après avoir affronté avec bonheur tous les périls d'une longue traversée, sont venus se briser sur ce banc. ! Combien de fois les joies du retour se sont changées là en amères déceptions, et de quels actes d'un beau et sublime dévouement ce sinistre parage n'a-t-il pas été la cause et le témoin !

Si les navires, constamment à flot dans les bassins du Havre, y stationnent avec sécurité ; si le port offre, par sa situation, de grands avantages à la navigation commerciale, on doit avouer aussi qu'il laisse à désirer plus de facilité dans ses abords, plus de régularité et de convenance dans ses dispositions. Mais il possède exclusivement une propriété remarquable et que lui envient tous les autres ports de l'Océan, c'est de tenir chaque jour la mer étale et de conserver assez longtemps son plein, pour que les nombreux navires puissent entrer et sortir sans avoir à redouter, comme dans les autres ports, le prompt mouvement de baisse qui se fait sentir aussitôt que la mer a cessé d'y monter.

II

Le Port. — L'Avant-Port. — Les Bassins. — Le Dock.

Les lois du 9 août 1839 et du 5 avril 1845 ont successivement ouvert des crédits pour l'amélioration et l'agrandissement du port du Havre.

La somme de six millions devait servir à la création de deux bassins à flot, l'un pour les navires à voiles dans une partie du lit de l'ancien canal Vauban, et l'autre pour les bateaux à vapeur dans la retenue des chasses de la Floride.

Les travaux compris dans la loi de 1845 consistent :

1º Dans le creusement des trois bassins de la Barre, du Vieux Bassin et du Commerce, et dans celui de l'avant-port et de son entrée, à une profondeur telle que les navires de commerce des plus grandes dimensions pourront entrer tous les jours de l'année dans le port.

2° Dans l'élargissement du chenal ;

3° Dans l'agrandissement du bassin, primitivement adopté de la Floride.

4° Dans l'établissement, sous les fronts de l'est d'un vaste bassin (le bassin de l'Eure) destiné partie à recevoir les bateaux à vapeur, et partie à suppléer à l'insuffisance d'etendue de l'avant-port : ce bassin communiquant, d'une part avec celui de la Floride et d'une autre part avec le bassin Vauban.

5° Dans l'achèvement de l'extrémité occidentale de ce dernier bassin, l'élargissement de l'écluse qui le met aujourd'hui en communication avec le bassin de la Barre, et l'établissement d'un pont transversal pour mettre ses deux ½quais longitudinaux en communication.

6° Dans l'établissement d'un Dock-Entrepôt, parallèle au bassin Vauban, et propre à recevoir 90,000 tonneaux de marchandises ;

7° Dans la construction d'une puissante écluse de chasse au fond de l'arrière-port, et l'amélioration des écluses de chasse de la Barre et de la Floride ;

8º Dans la construction d'une forme sèche de radoub et d'un bassin, dit de carénage, pour la réparation des navires.

Le creusement du port s'est exécuté, il y a deux ans, au moyen de quatre machines à draguer de la force collective de 50 chevaux.

Les travaux relatifs à l'élargissement du chenal ont été en partie accomplis ; ils ont été mis en cours d'exécution depuis le mois de janvier 1846.

Ceux du bassin de l'Eure ont été entrepris au mois de mars suivant ; poussés d'abord avec activité, ils ont été suspendus pendant trois ans, par suite des événements de février 1848.

Les terrains nécessaires à l'établissement du bassin-Dock, sont devenus la propriété de l'Etat. On ignore à quelle époque *ce bassin sera entrepris.*

Avant-Port. Le port du Havre se compose de ses retenues, de ses bassins et de son avant-port. Les étrangers qui ne saisissent pas d'un premier coup d'œil l'ensemble de ce système, demandent toujours à voir le port quand on leur a montré l'avant-port. « Je commence à comprendre, disait une princesse, la destination de ce que vous appelez l'avant-port, c'est l'antichambre de vos grands bassins. » Va donc pour l'antichambre de la duchesse d'Angoulême, puisqu'elle a dit ce mot. M. Frissard nous en a donné la définition en ces termes : « L'avant-port est destiné à recevoir les bâtiments qui peuvent supporter l'échouage sans danger, et qui doivent sortir du port avant la pleine mer ; ainsi tous les bâtiments devant remonter la Seine, les paquebots à vapeur, faisant la navigation du Havre à Honfleur, à Caen, à Cherbourg, à Rouen, les remorqueurs et leurs chalands, stationnent dans l'avant-port. Jusqu'en 1790, les bâtiments faisant la grande navigation étaient bien obligés de stationner dans l'avant-port, puisqu'il n'y avait alors que le bassin du Roi, qui est fort exigu, et qui souvent encore était occupé en grande partie par les bâtiments de la marine royale. »

L'avant-port donne entrée aux navires par les bassins du Roi et du Commerce ; c'est à son extrémité orientale que se trouve le gril de carénage des navires.

Port-Neuf. — C'est le nom qu'on a donné à une espèce de bassin, creusé en partie dans les fossés de la citadelle, et qui se confond avec le vieil avant-port. La première pierre du Port-Neuf fut posée le 20 mai 1831, par Louis-Philippe.

Le procès-verbal de cette cérémonie fut déposé dans une boîte de plomb, contenant des monnaies d'or et d'argent à l'effigie du Roi. Cette boîte fut scellée dans la pierre. Le Roi fit une croix sur la boîte de plomb avec son couteau et la scella lui même avec une truelle d'argent, qui lui fut présentée par l'ingénieur en chef.

« On m'accuse, dit alors Louis-Philippe, d'aimer
» un peu trop la truelle, mais je ne pense pas que l'on
» puisse me le reprocher, lorsque je l'emploierai à
» des travaux aussi importants et aussi utiles que
» ceux-ci. »

La dernière pierre fut placée le jour de l'inauguration, qui eut lieu le 3 novembre 1835.

Floride. — Si, de l'extrémité de la jetée du nord-ouest, on tourne le dos à la rade, on a devant soi un quartier isolé de la ville, connu sous le nom

de Floride : c'était une vaste retenue d'eau de
104,580 mètres de superficie, ceinte, du côté de la
Seine, de murs en plate-forme, avec batteries
flottantes. Les eaux de cette retenue servent à
dégager le port du galet et des vases qui tendent
continuellement à l'obstruer. On l'appelait autrefois
la *mare à mâts*. Ces eaux sont versées un peu au-
dessous de la tour François 1er, au moyen d'une
écluse de chasse, qui comprend deux passages fer-
més par un système de portes tournantes avec
poteau d'échappement au milieu. Des portes de flot
permettent de tenir à sec la retenue pendant la haute
mer. Les travaux de cette écluse, qui présentèrent
de grandes difficultés, furent visités en 1810 par
Napoléon, lorsqu'il vint au Havre avec l'impératrice
Marie-Louise, et Jérôme Bonaparte ; l'Empereur fit
compliment à l'ingénieur en chef sur la belle exécution ; mais il témoigna quelque surprise sur la dépense. Depuis quelques années on a modifié ce
système primitif d'écluses de chasses : on les a trans-
formées en brise-lames, servant à amortir l'effet des
vagues, lorsque les marées montantes les font pénétrer dans l'avant-port. Cette mesure était commandée
par l'élargissement de l'entrée de cet avant-port,
opéré au moyen de la suppression d'une construction ancienne qui l'obstruait sur le quai de la jetée
du sud et qui portait le nom de Tour Vidame, du
Vidame de Chartres qui l'avait fait bâtir.

2

La Floride perdra bientôt sa spécialité. On ajoute en ce moment à son utilité incontestable, comme retenue, l'avantage de former un nouveau bassin affecté particulièrement aux bateaux à vapeur de grandes dimensions. Toute la partie occidentale en est garantie par des ouvrages élevés récemment pour la défense de la place.

Vieux-Bassin. — Les véritables monuments publics, les seuls ouvrages d'art remarquables dont le Havre puisse s'enorgueillir et qu'il soit fier de montrer à ses amis et ennemis, sont ceux qui se rattachent à son port ; ses jetées de granit, ses écluses, ses retenues, ses quais, ses bassins, enfin ces œuvres puissamment défensives et conservatrices qui ont mis la science la plus profonde de l'ingénieur aux prises avec la mer envahissante et destructive. Dans cette lutte admirable, la victoire est restée à la science, et le port du Havre est le trophée de cette conquête faite par la main de l'homme sur l'Océan.

En 1626, on créait le premier bassin qu'ait eu le port du Havre. Colbert le ferma en 1669 par des portes d'èbe et de flot qui, pour laisser passage aux bâtiments de l'Etat, s'ouvraient à chaque marée avec pompe et solennité au son de la trompette et au bruit des fanfares. Exclusivement réservé à la marine de l'Etat, le Bassin du Roi avait à son extrémité septentrionale des calles et des chantiers.

La marine du commerce étant devenue maîtresse presque absolue du port et de ses dépendances, dans ces dernières années, le Bassin du Roi a été ouvert à ses navires. Il a été creusé de deux mètres ; ses murailles ont été reconstruites , ses quais élargis. Communiquant au nord avec le Bassin du Commerce, au sud avec l'avant-port, on l'a mis en état de recevoir des bâtiments d'un grand tirant d'eau, en abaissant le radier de l'écluse Notre-Dame et en élargissant la porte. Livré entièrement au commerce, le 1er août 1838, on y introduisit tous les bateaux à vapeur qui font la navigation avec l'étranger. Il en peut contenir neuf, dont six à quai.

Bassin du Commerce. — Le Bassin du Commerce, creusé dans les anciens fossés du Havre, s'étend aux deux extrémités orientale et occidentale de la ville ; sa longueur est de 560 mètres, sa largeur de 100 mètres ; sa superficie est donc de 56,000 mètres ; commencé en 1786, il ne fut livré à la navigation qu'en décembre 1820. Ce bassin, qui peut contenir deux cents navires, commmunique avec le Vieux-Bassin par une écluse sur laquelle est établi un pont à bascule ; avec le Bassin de la Barre , par une aut écluse sur laquelle est aussi un pont à bascule. Ce bassin prit à son origine le nom de Bassin d'Ingouville ; en 1817, il le quitta pour prendre celui du Commerce, par reconnaissance pour la coopération financière du commerce du Havre, qui contribua aux frais de son achèvement. Un haut appareil établi en tête du bassin est connu sous le nom de machine à mâter ou mâture ; ce nom indique suffisamment son emploi. C'est dans ce bassin que s'opèrent habituellement le chauffage et le doublage des navires.

Bassin de la Barre. — L'étendue de ce bassin, formé des fossés de la citadelle, est plus considérable que celle du Bassin du Commerce, puisque sa superficie est de 59,540 mètres. Commencé en 1787, son achèvement ne date que du 25 août 1820. Il s'ouvre au moyen de l'écluse d'Angoulême (autrefois écluse de Joséphine) dans le Bassin du Commerce. A l'est, une seconde écluse, terminée depuis trois ans, avec pont à bascule, le met en rapport avec le nouveau Bassin-Vauban qui s'étend bien au-delà des fortifications ; à l'ouest il communique avec l'avant-port au moyen d'une troisième écluse près de laquelle est établi un pont tournant. Deux cents navires peuvent mouiller dans les eaux de ce Bassin. En 1803, l'Empereur Napoléon eut l'idée de faire construire au Havre des vaisseaux de quatre-vingts canons ; un décret prescrivit l'élargissement à cinquante pieds de l'écluse de l'avant-port, la construction de trois cales et de deux souilles. Mais sur les représentations de l'ingénieur du port, il ne fut donné aucune suite à ces projets dont l'exécution n'eût pas atteint le but que l'Empereur s'était proposé.

Les parapets de l'écluse de l'avant-port, portent ces inscriptions en caractères de bronze : d'un côté,

FORFAIT MINISTRE DE LA MARINE

de l'autre :

AN IX, BONAPARTE PREMIER CONSUL.

A la Restauration, cette seconde légende disparut en partie ; on ne laissa subsister que le millésime républicain ; après la Révolution de 1830, l'inscription fut rétablie en son entier.

A l'extrémité nord du Bassin de la Barre, une compagnie à fait établir et installer, il y a quelques années, une machine de forme carrée à l'un des angles de laquelle est fixée une pompe à vapeur. C'est le Dock-Flottant qui s'immerge à volonté pour recevoir dans ses flancs les navires du commerce dont l'état nécessite des réparations.

Le Dock se remplit d'eau de mer et se vide en peu d'heures pour l'entrée, la sortie et le radoubage des bâtiments de la marine marchande.

Bassin Vauban. — L'extension progressive des relations maritimes du Havre et du nombre des navires qui fréquentent son port ayant rendu insuffi ants les trois bassins que nous venons de décrire, l'ingénieur en chef du port proposa, en 1829, l'élargissement du Canal Vauban, en amont de la ville, pour recevoir les navires désarmés ou à dépécer. Ce projet fut approuvé ; mais on sentit bientôt la nécessité d'en élargir les bases et de lui donner une destination plus appropriée aux besoins du commerce. Le Gouvernement se rendit à ces vœux, et le bassin fut creusé à une profondeur de 7 mètres 50 centimètres au-dessous des quais du Havre ; on lui donna 70 mètres de largeur au sommet et 40 mètres dans le fond, sur une longueur de 800 mètres au-delà des fortifications. On construisit en outre une écluse, dite Écluse d'Harfleur, qui ouvre le nouveau Bassin sur le côté est du Bassin de la Barre ; ces travaux achevés en 1838, on ne tarda pas à s'apercevoir que l'utilité réelle du Bassin Vauban dépendait de deux points capitaux, la construction des murs du quai pour contenir les terres des deux rives et l'élargissement du Bassin. Les travaux ont été mis en cours d'exécution et depuis sept ans il est livré au commerce.

A la partie orientale de ce bassin, on a placé une machine à mâter dans le genre de celle qui se remarque à l'extrémité occidentale du Bassin du Commerce. Sur la partie méridionale du Bassin Vauban s'élèvent les magasins construits par la compagnie Périer, de Paris, et qui servent de succursale à l'entrepôt réel de la ville du Havre.

Bassin de l'Eure. — Nous avons dit, en parlant du système général adopté pour l'entier achèvement de l'ensemble des travaux maritimes du port du Havre, qu'il devait se creuser dans un périmètre déterminé un bassin circulaire, destiné à recevoir les navires de commerce à vapeur d'une forte dimension. Ce grand travail s'exécute en ce moment. Le Bassin de l'Eure qui, sera un des plus grands bassins du Havre, longe toute la partie des fortifications depuis le Bassin de la Floride, avec laquelle il communique au moyen d'une écluse, jusqu'au Bassin Vauban avec lequel il s'abouche également par une écluse de jonction. Ce bassin forme, pour ainsi dire, un immense et infranchissable fossé, couvert par les remparts de la place, et contribue ainsi dans une vaste proportion à ses moyens de défense sur les fronts de terre.

Le Dock. — Ce mot, nous l'avons emprunté aux Anglais, et véritablement nous ne savons pourquoi, car il ne signifie dans son acception maritime que *Bassin* : ce qu'il y a de singulier, c'est qu'il est assez d'usage ici qu'on accole les deux noms et qu'on dise Bassin-Dock, pléonasme en deux langues.

Nous dirons, nous, le Dock-Entrepôt, parce que ce bassin qui n'est encore qu'en projet, faute de fonds, et ce, au grand préjudice des intérêts financiers de la ville, parce que ce bassin doit avoir une

forme et une destination spéciales. Il communiquera
à l'ouest avec le bassin circulaire de l'Eure au moyen
d'une écluse. Le pourtour de ses quais sera entièrement couvert de magasins destinés à recevoir les
marchandises des navires qui y opéreront leur dé-
chargement, presque sans frais pour le commerce.
L'intérieur de ces magasins affectés à l'entrepôt réel
général de la ville du Havre sera pourvu de méca-
nismes propres à l'arrimage des marchandises, ce
qui facilitera et économisera prodigieusement la
main-d'œuvre. Le bassin sera clos sur toute sa circonférence, et toutes les marchandises se trouveront
ainsi hors de toute atteinte et à l'abri des petites
soustractions qui causent chaque année de si notables pertes au commerce.

En empruntant le nom aux Anglais, nous leur
avons de plus emprunté la chose : nos voisins d'ou-
tre-mer sont, on le sait, passés maîtres en matière
de manutention commerciale, s'il est permis de se
servir de cette expression. Leurs Docks de la Ta-
mise, aux abords de Londres, les magnifiques Docks
de Liverpool sont des modèles qu'ils peuvent propo-
ser avec quelque fierté à toutes les nations qui s'occupent d'affaires de commerce maritime.

Les dimensions du Dock-Entrepôt projeté, et situé parallèlement au Bassin Vauban, sont telles qu'a-
près son exécution, sous le rapport de l'étendue et

de la facilité des accès, il ne nous laissera rien à envier à nos heureux rivaux.

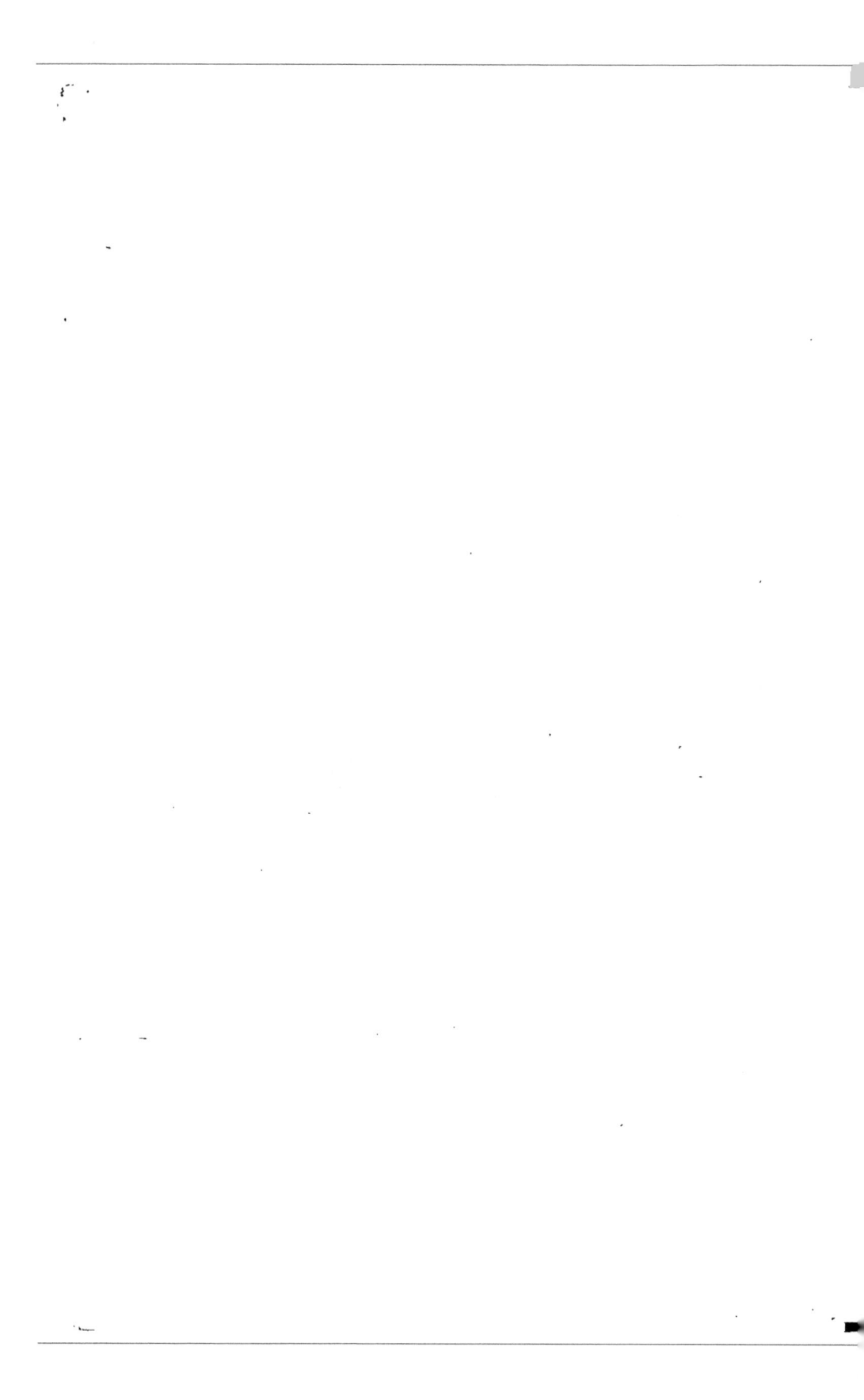

III

Sol. — Climat. — Population. — Enceinte. — Portes. — Citadelle. — Tour de François 1er.

Le sol sur lequel le Havre est assis est une sorte d'argile qui, outre les sels qui se trouvent dans l'eau de la mer, contient une certaine quantité de matière animale qui parait analogue au mucus des poissons.

Un puits artésien, creusé, il y a quelques années, à la profondeur de 175 mètres, a fourni le moyen de reconnaître les différentes couches de terre qui le composent. Ce travail a été consigné dans un ouvrage spécial, inédit, et dont le manuscrit a été déposé à la Bibliothèque publique du Havre.

La violence des vents d'ouest qui règnent au Havre pendant une partie de l'année, n'altère pas sensiblement la salubrité de la ville ; la côte la soustrait à l'influence des vents de nord, Le climat du Havre est sain ; mais la température extrêmement variable qu'il éprouve, par l'effet de sa situation, rend nécessaires quelques précautions que la prudence ne permet pas de négliger.

« On peut assurer, dit l'abbé Dicquemare, célèbre naturaliste, né dans nos murs, qu'au Havre le thermomètre fait peut-être plus de chemin en quelques heures, qu'à Paris en quelques mois ; en sorte que la fourrure doit toujours être à côté du volant de taffetas... L'air, quoique dur et vif, est cependant frais, souvent renouvelé, et conséquemment salubre ; en un mot, pour le comparer à celui de Paris, je sentais, dans cette grande ville, que la moitié de mon poumon ne me servait pas... »

La population du Havre, *intra muros*, s'élève à plus de trente-huit mille habitants, non compris les étrangers, qui l'augmentent à peu près d'un tiers ; dans ce nombre ne figurent pas les équipages des navires, qui n'amènent pas moins de vingt mille hommes chaque année. Depuis la paix, cette population s'accroît dans une proportion qu'il est difficile d'évaluer ; mais le mouvement des voyageurs ne s'y élève pas annuellement à moins de 80,000 individus.

On y compte plus de deux cents maisons de commerce de premier ordre : françaises, anglaises, suisses, allemandes, américaines.

Enceinte. — La première enceinte de la ville formait à peu près un carré long, qui s'étendait de l'ouest à l'est, jusqu'au village de l'Eure ; elle fut divisée en trois parties ou quartiers : Notre-Dame, les Barres et Percanville, On creusa de larges fossés à l'ouest, au nord et à l'est, et on les entoura d'un double retranchement en terre. Sous le règne de Henri II, cet état de choses subit des modifications ; on supprima tout le quartier Percanville et une partie de celui des Barres. Cette suppression donnait en force à la ville ce qu'elle lui ôtait en étendue. Les terrasses furent remplacées par des remparts construits de pierres et de briques, et flanqués de bastions. Trois portes donnaient entrée dans cette place de guerre, dont les successeurs de François 1er mirent les fortifications sur un pied respectable.

La place du Havre est considérée comme un pentagone irrégulier. Sa circonférence, à l'extérieur des fortifications, est de cinq mille six cent vingt mètres. Elle a huit portes : celles du Perrey, des Pincettes, d'Ingouville ; la Porte Neuve, Vauban, Louis-Philippe, Marie-Thérèse et celle du Secours. Cette dernière est bâtie dans l'épaisseur du rempart qui ferme la partie orientale de la citadelle, édifiée à grands frais par le cardinal de Richelieu, et de niveau jadis, à l'ouest et au nord, avec les autres quartiers de la ville.

La ville se composait, avant la réunion des deux communes d'Ingouville et de Graville, de trois parties distinctes : le quartier Notre-Dame, le plus marchand ; le quartier St-François, anciennement habité par les principaux négociants de la ville ; et la basse ville ou quartier neuf, peuplé aujourd'hui

de maisons de commerce qui le trouvent plus commode et plus accessible que celui de St-François.

Nous avons parlé du Havre *intra-muros* ; mais en
dehors de ses fortifications il se trouvait au nord et à
l'est deux villes désignées sous le nom d'Ingouville et
de Graville et peuplées ensemble d'environ 22,000
âmes ; par une loi de 1852, ces deux villes, en dehors
des fossés ou *extrà muros* ont été réunies, presqu'en
totalité au vieux Havre, avec lequel elles ne forment
plus qu'une seule commune ; on a compris dans l'agglomération la partie basse de la commune rurale de
Sanvic, de sorte que le Havre, au moyen de ces
adjonctions, compte aujourd'hui une population de
près de 60,000 habitants.

Les villes réunies ont pris le nom de sections et le
Havre a été divisé en deux cantons, nord et sud.

Citadelle. — Le cardinal de Richelieu qui avait
des vues secrètes sur le Havre, qu'il regardait comme
une excellente retraite en cas de disgrâce, n'épargna
aucune dépense pour mettre cette place en état de
défense ; il fit ajouter aux fortifications, construire
une porte magnifique, richement sculptée et décorée ; mais la citadelle devint plus particulièrement
l'objet de sa sollicitude. Il renversa de fond en comble le faible rempart qui portait ce nom, et fit élever
à grands frais une forteresse éloignée de la ville, et

qui fut, à son tour, renversée en partie, pour faire place à d'autres combinaisons stratégiques.

Quand les habitants du Havre virent surgir d'un marais, à la voix d'un homme d'église, le cardinal de Richelieu, cette formidable enceinte avec ses quatre forts, dont un commandait la ville, les susdits habitants furent pris de grande frayeur, et ils écrivirent au roi Louis XIII : « qu'étant bons et loyaux sujets de S. M. ils voyaient avec douleur qu'elle se défiait de leur amour et fidélité au point de dresser des ouvrages garnis de canons, (le fer à che. val du roi et le fer à cheval de la reine), tournés contre les deux quartiers de la ville. » Louis XIII accueillit très bien ces doléances, il répondit à ses amis et féaux, les citoyens, bourgeois et habitants du Havre, de ne prendre aucun ombrage de ces dispositions, faites dans l'intérêt de l'Etat et de la conservation et défense de leur cité. Les citoyens, bourgeois et habitants, se tinrent pour très honorés de l'épître royale et ne soufflèrent mot. L'ingénieur de Ville, chargé de l'édification de la citadelle, put continuer, sans trouble, ses travaux, — le roi avait parlé !

Il ne reste à présent de cette citadelle que quelques fronts en bon état, du côté de la mer ; des casernes qui peuvent loger mille à douze cents hommes ; une place carrée assez vaste, à l'est et à l'ouest de laquelle

ont été bâtis quatre pavillons qui servent de loge-
ment à l'état-major. On montre encore aujourd'hui
la prison où furent renfermés les princes de Condé,
de Conti et de Longueville, arrêtés par les ordres de
Mazarin, et conduits à la citadelle du Havre, sous
l'escorte du comte d'Harcourt. C'est une salle basse,
voûtée, ayant des murailles très épaisses et une fenêtre grillée au midi, à côté de laquelle on remarque
une espèce de niche, creusée dans l'epaisseur du mur
qui porte encore des traces d'anneaux de fer.

Le voyage des prisonniers se fit gaîment, dit un
historien contemporain; le prince de Condé composa,
dans la voiture, ce couplet qui eut un grand succès.

> Cet homme gros et court
> Si connu dans l'histoire ,
> Ce grand comte d'Harcourt ,
> Tout couronné de gloire ,
> Qui secourut Cassal et qui reprit Turin ,
> Est maintenant recors de Jules Mazarin.

Un nouveau projet, dont la mise à exécution vient
de s'effectuer en ce moment a pour but d'isoler entièrement la citadelle des autres quartiers de la ville,
de lui donner plus d'étendue et de la mettre en état
de faire une défense plus sérieuse, dans le cas où
l'ennemi tenterait de pénétrer dans la ville par l'avant-
port. On a construit, il y a quatre ans, un réduit qui,
armé de bastions, formera une ligne de feu depuis la

porteVauban jusqu'au bassin de la Floride et *protégera* cet avant-port et une partie de nos bassins. Cette forteresse, qui semble plutôt dirigée contre la ville qu'appelée à un système de résistance et de protection efficace, est généralement blâmée dans ses dispositions, dont l'insouciance de la population ne lui a pas permis d'apercevoir les dangers. C'est un fort intérieur, contre l'édification duquel il eût été convenable, peut-être, de protester énergiquement.

La Tour de François Ier. — Le fondateur du Havre éleva, pour défendre le port, une tour sur le modèle des constructions militaires qu'il avait vues en Italie, lorsque la France possédait encore à titre de conquête, quelques portions de territoire au-delà des Alpes. Il lui donna son nom ; la statue en relief de François 1er fut placée au-dessus de la seule porte qui y donne entrée. La tour subsiste encore, et sa solidité porte à croire qu'elle verra passer bien des générations ; mais l'effigie du vainqueur de Marignan a disparu. La hauteur de cette tour est de vingt-un mètres ; elle est formée de murailles très épaisses ; les parements extérieurs sont composés de pierres calcaires, dont le centre saillant est taillé en demi-globe et en pointe de diamant. Cette tour est surmontée d'une plate-forme sur laquelle est établi un ingénieux système de signaux qui permet de communiquer avec les navires qui sont à une certaine

distance en mer L'accès de cette plate-forme est
libre ; on y parvient par un escalier auquel on arrive
en traversant une galerie placée à l'extrémité de la
promenade de la Bourse.

L'intérieur de cette tour se compose d'une
grande salle ronde éclairée par des soupiraux. Le
plafond est soutenu par un énorme pilier terminé en
forme de champignon ; cette salle, divisée en plusieurs compartiments a servi de prison au temps de la
Fronde et de la ligue.

Cette tour renferme d'anciens caveaux et des salles
souterraines.

Vingt-deux marches conduisent à cet obscur
séjour. Après qu'on les a descendues, on se trouve
au milieu d'une place remplie de décombres , et connue sous le nom de *Loge aux chiens* ; une double
porte la sépare des cachots.

Le cachot principal, celui sans doute qui était réservé pour les moins coupables, était formé de deux
compartiments de 6 mètres de long sur autant de
large. A l'aide d'un fanal, vous appercevez les arceaux
qui font saillie sur le fond applati des voûtes. Dans
les cryptes de nos églises, ce sont ordinairement des
arceaux qui se croisent et qui partagent la voûte en
deux parties égales; ici ce sont trois nervures pris-
matiques qui divisent la voûte en trois parties trian-
gulaires. Certes, c'est là une terrible prison, loge à
chien, verroux, serrures, portes de fer, épaisses

murailles, grilles, barreaux, ténèbres, humidité, rien n'y manque.

Mais ce qui est plus terrible encore , ce sont deux cachots particuliers , qui communiquent à cette grande salle par de lourdes portes dont on voit les gonds tout rongés par la rouille : ici, même épaisseur de murs, même aspect menaçant des voûtes, même pavé glacé et humide ; seulement deux soupiraux très étroits s'élèvent bien haut , d'une manière inclinée, à travers une muraille de trente pieds d'épaisseur, et laissent passage à la lumière qui vient poser dans ce séjour, un pied blanc et timide.

C'est par ce soupirail que l'air pénétre dans ces lieux malsains ; par là aussi les flots jettent de temps en temps une écume salée qui forme sous les pieds une eau saumâtre et croupissante. Nul tempéramment assez fort pour résister à cette action dévorante du froid et de l'humidité. Aussi personne ne dut jamais sortir de cette prison. Ce dût être le tombeau de tous ceux qui eurent le malheur d'y descendre.

Eh bien ! tout horrible qu'elle nous paraisse, il faut savoir qu'elle a été réparée il y a un siècle. C'est ce que nous apprend l'inscriprion gravée sur le mur par la main reconnaissante d'une victime :

1624. —Louis XIV régnant, on répare ce lieu.

Qu'était-ce donc au temps où la Ligue, où la Fronde entassaient, pêle-mêle, les vaincus dans ces lieux ? Et que l'on ne croie pas que ce soit ici le seul effet de notre imagination ; qu'on ne croie pas que nous évoquions des ombres et des fantômes créés à plaisir ; qu'on regarde sur ces murs et l'on verra, non des spectres, non des figures, mais des noms célèbres, des noms de guerriers, des noms qui appartiennent à l'histoire. On verra au milieu de cœurs, percés de flèches, de chiffres mystérieux, d'armoiries demi-voilées, de symboles de douleur, les noms suivants gravés sur la pierre :

> DESTIGNY DE ST-GERMAIN.
> DE THORIGNY, 1649.
> D'AUBIGNY, PRISONNIER, 1643.
> DE DIEPPE, GUILLAUME BENOIST, PRISONNIER.

Du sommet de cette tour, dit l'auteur de la *Normandie Pittoresque*, le point de vue est admirable ; c'est le centre d'un des plus beaux panoramas du monde. A l'est, le regard plonge sur la Seine, qui rubanne entre les collines d'Honfleur et d'Orcher ; du midi au couchant, les côtes du Calvados ; au nord-ouest, le prolongement de ces mêmes côtes, qui forme une ligne bleue à l'extrémité de laquelle se termine la presqu'île du Cotentin ; en face du spectateur, les deux rades du Havre, étoilées de navires aux blanches voiles ; au nord, la Manche dont l'azur reflète le promontoire de la Hève, ses deux phares et sa crête verdoyante, puis les côteaux d'Ingouville et de Graville sur lesquels s'échelonnent de gracieux pavillons, des terrasses fleuries, des bouquets d'arbres, et au bout de cette ligne montueuse, le clocher de l'ancienne abbaye, assis sur les ruines d'un temple romain.

Baissez les yeux et regardez à vos pieds : c'est l'avant-port, ce grand chemin de l'univers maritime, cette voie étroite, sillonnée par tant de navires, au moment de la pleine mer ; suivez ses contours sinueux, et votre vue va s'égarer dans une forêt de mâts, de tubes fumants, sur tout ce qui fait enfin la splendeur de la Marseille du Nord.

IV

Précis Historique.

François 1ᵉʳ, fondateur du Havre, donne à la ville
sa devise et ses armes. — Première calamité. —
La Grande Nau. — L'amiral Coligny, gouver-
neur du Havre — La place livrée aux Anglais.
— Reprise sous Charles IX. — Prospérité du
Port sous Louis XIV. — Guerres Maritimes, —
Bombardemens. — La Flotille. — Régénération.

Les alluvions de la Seine ont formé à son embouchure une plaine basse qui s'avance au milieu des
eaux réunies et confondues, du fleuve et de l'océan ;
c'est à l'extrémité de cette langue de terre, située au
pied des côteaux d'Ingouville et de Graville, et qui
s'étend de l'ouest à l'est, depuis la route d'Harfleur
jusqu'à celle de Ste-Adresse que fut fondé le Havre
au commencement du XVIᵉ siècle. Cette ville, toute
moderne, puisque son origine ne remonte pas au-
delà de 1522, est le chef-lieu d'un des cinq arron-
dissements de la Seine-Inférieure.

Elle eut pour fondateur, nous l'avons dit, François Ier, qui lui donna son nom ; mais il n'est resté qu'à la tour qui se dresse à l'entrée du port pour le défendre. Jusqu'à la première révolution française, on a dit le Havre-de-Grâce ; en 93, on écrivit le Havre-Marat ; aujourd'hui, le Havre est le seul mot consacré par les actes officiels. Avant sa fondation, le sol était entrecoupé de criques ; au bord de la plus grande était édifiée une maison servant de taverne aux pêcheurs ; à l'un des pilliers de cette cabane, détruite il y a quelques années, était grossièrement sculptée l'image d'un batelier et d'une nacelle employée au passage de la crique.

François Ier donna pour armes à la ville du Havre ses propres armoiries : c'était une Salamandre, avec la devise : *nutrisco et extingo*. Je nourris et j'éteins.

Le Havre aussi fut éprouvé à ses commencements : la mâle marée le submergea, les maladies le dépeuplèrent, et puis les guerres vinrent, les guerres de religion ! A la guerre, aux maladies, aux tempêtes furieuses, le Havre résista et surgit roi de l'Océan de ces rudes traverses.

Le premier navire de guerre qui sortit des chantiers de construction de la ville naissante fut la *Grande-Nau-Françoise*, bâtiment qui ressemblait plus à une citadelle de bois qu'à un vaisseau ; d'après l'idée que nous en donnent nos constructions modernes. Les proportions de la *Grande-Nau* étaient énormes; outre un grand nombre de batteries et de logemens destinés à l'équipage, aux soldats et aux officiers, on y trouvait une chapelle assez vaste pour contenir trois cents personnes, et sa proue était surmontée d'un moulin à vent. Cette machine, dont la gravure ci-après est la représentation fidèle, ne put sortir de l'avant-port qu'il eût fallu élargir pour lui donner passage ; on fut obligé de la faire remonter à grands renforts de bras dans une crique où elle fut démolie, triste fin d'une si ridicule tentative de construction navale.

En 1562, l'amiral de Coligny, le chef des protestants de France, était gouverneur du Havre. Dans la
paroisse de Sanvic, à une demi-lieue des portes, un
prêche avait été érigé depuis l'édit de pacification,
où près de la moitié de cette riche et industrieuse
population du Havre, convertie au dogme comme
toutes les villes du commerce, venait entendre la sévère parole des ministres de Genève. Du port était
partie, sous les auspices de l'amiral, et conduite par
Villegagnon, cette flotte destinée à prêcher le pur
Evangile aux sauvages de l'Amérique. Ainsi, le
Havre se trouvait cerné, envahi par la réforme. Cette
année même un coup de main le livra aux hugue-
nots, tandis que le duc d'Aumale assiégeait Fécamp,
dont il se rendit maître. Déplorable conquête, qui-
commença par la démolition des églises et la profa-
nation des choses saintes, qui finit par une grande
honte, l'appel de l'étranger sur le sol de France, et,
pour prix de ce secours odieux, la remise, entre des
mains ennemies, du Havre même, cette clé du
royaume.

Le 4 octobre, les soldats d'Elisabeth débarquèrent
au Havre; dès le lendemain, ils en chassaient les
protestans, et déclaraient qu'ils allaient de la ville
normande faire un nouveau Calais. Un an s'écoula
avant que l'armée royale pût parvenir jusqu'à eux, à
travers les populations insurgées, pour punir leur
orgueil. Enfin, la paix se fit, et le roi de France vint

assiéger le Havre. Les partis s'étaient réunis : le prince de Condé marchait à côté de Montmorency dans l'armée catholique. Tous voulaient purger leur pays des Anglais. Il fallut des troupes immenses et dévouées, il fallut la peste dans la ville, il fallut trois mille anglais morts sur sept mille, pour que le débris de garnison qui restait consentît à se rendre. La France célébra comme un triomphe public la prise du Havre ; Elisabeth éleva un monument à ses défenseurs.

Les guerres de religion ne cessèrent que pour se tranformer dans les ligues : ce fut au poids de l'or que Villars rendit le Havre à Henri IV, et Crillon le château de Tancarville (1594). Cette période désastreuse de notre histoire se clôt par ces belles paroles du bon Henri aux députés du Havre : « J'ai ouï parler que vous me prépariez des fêtes ; employez à aider ceux qui ont souffert de la guerre cet argent que vous destinez à de vaines pompes ; ils y trouveront leur compte, et moi aussi. »

De Henry IV à Colbert, un demi-siècle s'écoula, pendant lequel la véritable histoire de la ville s'arrête, car son sommeil, c'est la guerre.

Mais, continue l'historien de la *Normandie Pittoresque*, Colbert paraît. Le conseil de commerce, l'école de Marine sont crées, des primes promises à tout constructeur de vaisseaux, les bâtiments nationaux exemptés du droit de fret ; le canal de

Vauban sauve le port du Havre de l'encombrement ;
bientôt les pavillons d'Espagne et des puissances du
Nord flottent sur ses eaux ; ses quais sont couverts
de bâtiments pêcheurs ; les compagnies des Indes-
Orientales et Occidentales, celles du Sénégal et de
Guinée choisissent le Havre pour un des principaux
ports de leurs armements. Un arsenal de marine
s'élève où sont construites les galiotes à bombes qui
écrasèrent Alger et Gênes. Une intendance de marine
une école d'hydrographie, une école de canon, sont
établies au Havre.

Le Port a atteint une prospérité que jamais il
n'eût pu prévoir.

En vain l'ennemi enlevait les rares navires marchands que le Havre hasardait sur les mers, en vain
le canon écrasait ses maisons (1759) : il se raidit
contre tant de maux ; et la guerre était à peine
terminée qu'il songeait à donner à son industrie et
à son activité un essor tout nouveau.

Dès 1779, ses bâtiments remplissaient le bassin de
l'avant-port, et les négociants étaient obligés d'affré-
ter jusque dans les ports de Hollande. A ce point de
prospérité, il fallait d'autres agrandissements à la
première ville commerciale de France. Des projets
avaient déjà reçu l'approbation du malheureux Louis
XVI, le fondateur de Cherbourg, lorsque la guerre
de l'indépendance américaine, que le Havre seconda
de tous ses efforts, vint ajourner leur exécution ;

Ces projets furent repris en 1788 ; mais la révolution vint totalement les interrompre. Ses bâtiments de commerce se transformèrent en corsaires ; le Havre , effacé par les grands ports armés , était descendu au rang de port secondaire (Loi du 25 Octobre 1795).

En 1804 , le Havre était devenu le rendez-vous obligé de tous les bateaux plats construits sur les bords de la Seine ou des nombreux affluents de ce fleuve ; les autres divisions arrivant des ports plus occidentaux de la Manche et de ceux de l'Océan étaient aussi souvent forcés d'y relâcher. Là, de ces divers bateaux et canonières , on formait des sortes d'escadrilles qu'on expédiait en toute hâte vers le port de Boulogne, désigné pour le rassemblement général. Hamelin qui avait eu le bonheur de ramener en France les bâtiments de l'expédition scientifique aux Terres Australes, avait été nommé capitaine de vaisseau à son retour au Havre, où l'on s'occupait avec activité de la flotille destinée à la descente en Angleterre. On connaissait l'ardeur infatigable d'Hamelin , et on le chargea de commander et de conduire à destination toutes les escadrilles. Il remplit cette mission difficile de la manière la plus digne d'éloges, et soutint presque chaque jour contre les croisières anglaises, qui cherchaient à s'opposer au passage de ses convois , les combats les plus honorables pour lui et pour les marins qu'il commandait. Ce brave contre-amiral se fit remarquer lors du bombar-

dement du Havre par les Anglais , au mois de fruc-
tidor an XII, et prit le commandement de la frégate
La Vénus, lorsque les évènements politiques amenèrent le désarmement de la flotille de Boulogne.

Après la rupture du traité d'Amiens, les Anglais,
une quatrième fois, se présentèrent devant ses batteries ; une quatrième fois, ils furent honteusement
repoussés.

Quand la paix de 1814 eut fait tomber la barrière
qui séparait les deux hémisphères, le Havre se précipita dans ces voies nouvelles de liberté et de fortune avec une ardeur qu'il serait difficile de peindre.

Depuis cette époque d'espérance, d'autres événements politiques ont surgi ; mais à quoi servirait de
résumer ici quelques pages de cette histoire con-
temporaine ?

V

Navigation. — Commerce. — Industrie.

Ce chapitre sera court ; non par l'insuffisance du sujet, il comporterait au contraire de grands développements qui excéderaient les limites et le but de cet ouvrage. Disons seulement que le mouvement continuel et journalier des navires français et étrangers dans le port du Havre, est la source de cette animation dont il offre aux voyageurs l'intéressant spectacle.

Le commerce maritime est tout pour lui : son industrie manufacturière est nulle. Il ne possède qu'une seule filature de coton dans la vallée de Graville.

La construction de navires, qui occupait jadis sur ses chantiers un grand nombre d'ouvriers, est une spécialité qu'il avait presque entièrement perdue par diverses circonstances , mais qui a repris de l'activité pendant ces dernières années.

Sa véritable et toute spéciale industrie consiste dans ce qui se rattache au navire proprement dit :

grément, voilure, mâture, tonnellerie, pouliage, fabrique de cables de chanvre et de fer, etc.

Sur la rive droite du bassin et du canal Vauban se sont établies de très-belles usines, dignes de l'attention et de l'examen du voyageur qui aime à se rendre compte des progrès que la France a faits depuis quelques années surtout, dans la fabrication de ces puissantes machines à vapeur qui ont si prodigieusement modifié, en l'améliorant, notre système de navigation. A ce point de vue, il visitera les vastes établissements de MM. Mazeline et Nillus, la fonderie de métaux de M. Lepage, et l'atelier de laminage de cuivre à doublage de navires.

La fabrique de cables à la mécanique établie dans la plaine d'Ingouville, mérite aussi une mention particulière.

VI

Monuments Publics, Religieux, Civils, Militaires.

Eglise de **Notre-Dame**. — **St-François**. — **Temple**
protestant. — **Hôtel-de-Ville**. **Palais-de-Justice**.
— **Arsenal de la Marine**. — **Manufacture des
Tabacs**. — **Entrepôt réel**. — **Douane**. — **Bourse**.
— **Salle de Spectacle**.

L'église de Notre-Dame, a dit un écrivain moderne, n'appartient déjà plus à la renaissance et
encore moins à l'école ogivale. Elle commence la
série de cet art grecco-romain, qui occupe parmi
nous les soixante premières années du XVIIe siècle
et qui, par le mélange bâtard des deux styles antiques, donne une idée du chaos qui régnait alors dans
le langage et la littérature.

Toutefois, l'église du Havre conserva bon nombre
de traditions de l'art chrétien. Ainsi le plan fut en
croix ; le clocher mis au portail, les chapelles

4

rayonnèrent autour du chœur et des nefs ; des balustrades régnèrent au dehors de l'édifice, et des fenêtres, partagées par des meneaux, se remplirent de brillantes verrières.

L'architecture chrétienne, que nous nommerons nationale, avait jeté de si profondes racines dans notre sol, qu'au sein d'une ville nouvelle comme le Havre, peuplée d'étrangers et de nouveaux-venus, les architectes , les maçons , les sculpteurs, les artistes de tous genres, étaient restés chrétiens. Malgré le mouvement réformateur du siècle, ils n'avaient pu se dépouiller entièrement des antiques traditions. A leur insu, il se glissait dans leur œuvre de prétendue régénération, des réminiscences ogivales, véritable hérésie architectonique qui, aujourd'hui, constitue à peu près le seul intérêt de ces édifices hermaphrodites. C'est que , voyez-vous, l'esprit humain ne procède jamais rapidement dans sa marche ni dans ses révolutions. L'avenir, fils du présent, ne lui apparaît jamais qu'appuyé fortement sur le passé.

Cette église, longue de 80 mètres et large de 28, compte 14 mètres de hauteur du pavé à la voûte. Ses proportions, nobles et grandes pour une ville naissante, récemment émergée des eaux, sont grêles et mesquines pour un port devenu le rendez-vous des nations, pour une place de commerce, la bourse de la France, en un mot, pour une des plus florissantes cités maritimes de l'Europe. Offerte à Dieu par de modestes pêcheurs de harengs, de maquereaux et de morues, elle était pour ce peuple pauvre et croyant, le sublime effort de sa foi, de sa fortune et de son génie. Mais à présent, destinée à représenter l'hommage rendu à la Providence par une riche colonie de marins, de négociants, de capitalistes et de financiers, appelée à réunir autour des autels du Dieu vivant des milliers de chrétiens venus de tous les points de l'horizon, elle est insuffisante pour les contenir, elle est incapable de remplir dans la métropole du XIXᵉ siècle, la mission qu'elle avait reçue dans la bourgade du XVIᵉ siècle. Créée pour être une chapelle, elle succombe sous les destinées d'une cathédrale. C'est ici que la Jérusalem nouvelle pourrait s'écrier avec Isaïe : « *Angustus est mihi locus, fac spatium mihi ut habitem.* »

Duchemin, enfant du Havre, qui avait fait les plans et devis de l'église de sa patrie, en posa les fondements en 1575 et y travailla avec son fils jusqu'en 1598. Il commença par le chœur qui fut couvert en 1585 ; l'année suivante, il fonda les premiers piliers de la nef, et les derniers en 1590. Le vaisseau fut complètement achevé en 1597, et le 5 mai suivant, Duchemin venait s'y reposer de ses fatigues. C'est donc sa main de maître qui a dressé sur leurs bases ces grandes colonnes circulaires d'ordre dorique, décorées à la grecque et flanquées de pilastres destinés à supporter les voûtes. Ses successeurs comme derniers vestiges des prodigalités du XVIe siècle, multiplièrent les arceaux sur le fond de ces voûtes et y descendirent de longs pendentifs, sculptés par Pierre Larbitre , le grand imaginier du Havre.

Cet artiste habile apparut dans l'église lorsque Etienne Hallinguer eut construit les nefs , chapelles et les portails latéraux. Larbitre avait fait ses preuves en 1585 dans la charmante croix du cimetière de Montivilliers, et en 1605 dans celle du cimetière de Lillebonne, qui malheureusement n'est pas venue jusqu'à nous. Il fut heureux de travailler pour son église natale, aussi il découpa avec plaisir les balustrades qui entourent les nefs et les chapelles ; il fit jaillir, du sein des contre-forts, des gargouilles et des salamandres ; il dessina les meneaux des fenêtres dans cette forme arrondie qui lui était familière. A mesure que les meneaux sortaient de son habile ciseau, ils se remplissaient de vitres peintes, données par des commandants, des gouverneurs, des abbés, des capitaines de navires, des bourgeois et des confrères. On y plaçait à l'envi des mystères, des saints et surtout des apôtres, ces pères de l'église chrétienne, toujours chers aux Havrais. Qu'elle était belle cette église, lorsqu'elle sortait des mains d'architectes, de sculpteurs, de verriers comme Duchemin, Robelin, Hérouard, Larbitre, Gueronnel, Morin et Masquerel ! La pierre, alors, blanche comme la neige, n'était point salie par l'ocre et le badigeon, le trait du ciseau brillait dans toute sa finesse et dans sa pureté sur les moulures et les chapiteaux, non encore saturés de plusieurs couches de chaux. D'élégants pendentifs, gracieusement découpés, descendaient comme des lampes du ciel des voûtes ; les fenêtres, garnies d'anges et de bienheureux, ne laissaient pénétrer qu'un jour pieux et recueilli, tandis qu'à présent le jour profane du dehors pénètre dans cette auguste enceinte avec les agitations de la terre et le fracas des préoccupations matérielles.

Le travail le plus remarquable qui nous soit resté des mains de Pierre Larbitre, c'est le portail de la rue des Drapiers, que nous appellerons volontiers portail de l'Annonciation ou de l'AVE MARIA. La base en est formée par quatre colonnes doriques qui soutiennent une corniche. Au second ordre sont des niches aujourd'hui vides, mais remplies autrefois par les statues de David et d'Isaïe, d'Elie et d'Enoch. Entre elles règne un espace occupé jadis par un groupe représentant l'Annonciation de la Vierge Marie. Près de cet auguste mystère, les patriarches et les prophètes apparaissaient comme les représentants de l'Ancien Testament qui venaient saluer l'Arche de la Nouvelle-Alliance. Nous regrettons que dans la restauration de ce portail, faite en 1843, on n'ait pas rétabli les images de ces prophètes, précurseurs du Messie et de sa Sainte Mère.

La grande scène de l'incarnation occupait tout le développement de cette façade latérale. Au-dessus de la rose, que soutiennent des anges, on voit encore au plus haut du pignon, le ciel avec ses anges, parmi lesquels trône, sur des nuages, le Père Éternel envoyant l'Esprit-Saint opérer sur la terre le plus grand prodige qui s'y soit accompli depuis la création.

Les balustrades qui séparent les deux actes de ce drame sacré, portent des devises analogues à leur destination. Sous les pieds de Dieu le père est écrite la devise de l'archange Saint-Michel : « *Quis ut Deus,* et plus bas, ombrageant le mystère évangélique, on lit le salut de l'Ange. « *Ave Maria Gracia Plena.* » Ces lettres gothiques, restituées avec bonheur sont la dernière ligne empruntée à ces livres d'heures que l'imprimerie a fait disparaître, mais qu'elle n'a pas fait oublier. Cet *Ave Maria* rappelle l'hymne de pierre, la *Tota Pulchra es,* qu'on lit autour des jolies églises de Caudebec et de la Ferté-Bernard.

Le plus beau morceau de cette église, c'est le grand portail qui fut exécuté de 1609 à 1650 par le concours de plusieurs maîtres des œuvres. Il resta inachevé pendant deux siècles. Marc Robelin n'avait conduit l'œuvre que jusqu'au chapiteau des colonnes corinthiennes ; le fronton qui les surmonte s'est fait attendre deux cents ans. Le ravage du temps et des révolutions, l'air salin de la mer, rongèrent les pierres et usèrent les sculptures. Cette grande misère du passé contrastait péniblement avec la prospérité toujours croissante du Havre. En 1827, la ville et le Gouvernement s'unirent pour mener à bonne fin cette grande entreprise, qui coûta 112,000 francs.

Elevé en 1540 et 1550, le clocher fut la première pierre d'attente de la nouvelle église. Relégué à l'angle sud du portail, comme celles de Lillebonne, d'Offranville et de Saint-Jacques-de-Dieppe, cette tour a subi la triste influence d'un siècle qui ne savait plus où caser les clochers ? comme elles avaient même origine, elles durent avoir même goût, mêmes mœurs et même législation. Le clocher de Notre-Dame n'est plus qu'un tronc sans élégance, une plate forme sans élévation, mais c'est là la faute des guerres et le malheur de nos discordes civiles. Cette tour, à présent si humble et si timide, s'élançait autrefois bien au-dessus des maisons qui l'entourent; couronnée d'une flèche octogone, entourée de clochetons, elle apparut à Henri II et à Charles IX, comme une de ces pyramides ogivales qui annoncent de loin les villes du moyen-âge.

Sous les dalles de l'église Notre-Dame reposent depuis deux siècles et demi les restes mortels de trois jeunes Havrais dont nous allons en quelques mots raconter la fin tragique : Trois jeunes officiers de la milice bourgeoise Isaac, Pierre et Jacques Raulin, fils d'un avocat du Havre, étaient devenus l'objet de la haine implacable du commandant de la place, qui ne put jamais leur pardonner les qualités brillantes qui les rendirent odieux à cet homme, alors tout puissant dans la cité soumise à ses ordres. Sous un prétexte quelconque il les manda à l'Hôtel-de-Ville où il les reçut dans une salle basse. A peine y furent-ils entrés que douze sicaires se jettèrent sur eux, avant qu'ils aient pu se servir de leur épée, et les percèrent de mille coups. Les pavés de la salle restèrent longtemps souillés du sang de ces infortunés. On ne les lava que lorsque Louis XV vint au Havre. On lisait, avant la révolution, sur une plaque de cuivre fixée dans un des pilliers de l'église Notre-Dame, cette courte épitaphe, la seule qu'il ait été permis à la famille Raulin de consacrer à la mémoire de ces trois victimes du plus lâche assassinat :

ICI

REPOSÉNT LES FRÈRES RAULIN,

QUI DÉCÉDÈRENT

TOUS TROIS A LA MÊME HEURE,

LE 16 DE MARS

1599.

L'Église de Saint-François.

Sous le règne de Henri II, on jeta les fondements d'une nouvelle église qui fut dédiée au patron de François 1er. Ce monument religieux n'est point achevé ; sa voûte devait être soutenue par deux rangs de colonnes d'ordre toscan ; on en voit le commencement dans le plein de la muraille d'élévation. Le chœur est plus bas que la nef, et l'aspect de ce temple catholique n'a rien d'imposant ni de majestueux.

L'ancien clocher ne fut jamais qu'une œuvre avortée et provisoire ; on l'a démoli en 1841. Saint-François n'avait plus alors ni portail ni clocher : on a voulu d'un seul coup et par une même combinaison lui donner l'un et l'autre. Il en est résulté une façade correcte et régulière, mais froide et compassée comme les constructions de l'Empire. On a jeté au-dessus de cette œuvre trop classique un petit carré qui finit brusquement et qui n'a, certes, ni la légèreté, ni l'élancement de nos vieilles flèches d'ardoise.

La restauration du portail sud est encore d'une date plus récente.

L'ancien clocher possédait une cloche qu'on appelait la Huguenote : la jeunesse du Havre l'avait enlevée en 1585 du prêche de Sanvic, qu'elle avait détruit.

Pendant trois cents ans, l'église St-François n'a été qu'une humble chapelle, desservie par un simple vicaire et dépendante de la cure d'Ingouville.

Temple Protestant.

Une société en commandite avait élevé en 1835, sur les dessins et sous la direction de M. Frissard, ingénieur en chef des ponts-et-chaussées, à l'extrémité nord de la place du Commerce, un édifice destiné spécialement à des réunions dansantes et musicales avec ce titre : Salle de Bals et de Concerts.

C'était un établissement parfaitement approprié à sa destination, et renfermant tout ce qu'on a droit d'attendre d'un pareil local.

La Salle de Bals, décorée avec autant de goût que de luxe, offrait un mélange des architectures grecque, gothique, moyen-âge, renaissance, dont les parties étaient assez en harmonie pour offrir un ensemble gracieux et convenable.

On y chanta, on y dansa, on y donna des fêtes superbes pendant plus de douze années, mais, dans une ville où tout est calcul et spéculation, on finit par s'apercevoir que l'établissement était loin de rapporter l'intérêt de son capital, et on le mit en vente.

Il fut acheté par une société protestante. Les fidèles

de cette église, à l'étroit dans leur petit temple, bâti à quelques centaines de pas de la Salle de Bals, vinrent donc s'y établir, et la salle subit toutes les transformations exigées par son appropriation au culte dissident.

Adieu aux brillantes peintures, aux tentures luxueuses, aux glaces mondaines, aux dorures resplendissantes. La froide couleur du vieux chêne se jeta sur toutes les boiseries, la chaire prit la place des divans moelleux et les chants sacrés succédèrent aux chants profanes. On ne saurait plus aujourd'hui où chanter la musique des grands maîtres, si la Société Musicale du Havre n'eut fait construire, toujours provisoirement, une nouvelle salle ayant la même destination, non loin de la place Louis-Philippe, à l'extrémité ouest de la ville.

La décoration extérieure de la salle, convertie en temple, a subi les conséquences de son changement de destination. On a gratté les bas-reliefs de la façade, représentant les emblèmes mythologiques des arts : les lyres, les buccins, les harpes, et autres attributs de la danse et du chant.

Hôtel de Ville.

En 1753, on construisit à l'une des extrémités occidentales du Havre, un hôtel pour le gouverneur.

Assis sur les remparts, une façade sur la ville, une autre sur la grève et la mer. Sous le rapport artistique, cet édifice n'a rien de remarquable, mais c'est le premier qui frappe la vue du voyageur qui entre dans le port. Il se compose d'un corps de logis principal et de deux ailes, qui forment une cour d'honneur. La porte d'entrée est surmontée d'un écusson au milieu duquel sont sculptées les armes que François 1er donna à la ville : Champ de Gueules, chargé d'une salamandre d'or dans les flammes, au chef d'azur, chargé de trois fleurs de lys d'or, surmonté de la couronne royale.

En 1790, la commune acheta cet hôtel, qui devint le siège de la mairie.

L'hôtel de ville a conservé de précieux souvenirs historiques. Il changeait son nom contre celui de Palais, chaque fois qu'il donnait l'hospitalité à un souverain en visite au Havre : Ainsi successivement il reçut Louis XV, Louis XVI, Bonaparte premier consul, Napoléon empereur, le Duc et la Duchesse d'Angoulême. Le dernier roi des Français Louis-Philippe y passa quarante-huit heures, peu de temps après son avènement au trône.....

Louis-Napoléon Bonaparte, alors président de la République, y a fait également un court séjour, peu de mois après son élection.

Palais de Justice.

En 1572, dit M. Frissard dans son histoire du port du Havre, Polidamas Hacquet, lieutenant civil, fit construire un bâtiment sur l'emplacement du Palais de Justice ; le rez-de-chaussée servait de halle, puis ensuite il servit de boucherie ; c'était au premier étage que se tenaient les juridictions, les mardi et les vendredi de chaque semaine. On appelait communément ce lieu la cohue du Roi.

C'est un édifice d'une bonne architecture, qui a remplacé une construction du XVIe siècle, nommée le prétoire. Il occupe toute la partie orientale de la place du marché aux légumes et au poisson. La salle d'audience est très belle, et l'on peut dire qu'au Havre la justice est convenablement logée. A l'extrémité sud était ce qu'on appelait le Poids Public, établissement qui remontait jusqu'à l'époque de la fondation du Havre, et qui formait une des branches des revenus de la ville.

Il y a quelques années, le Poids Public, sur les réclamations du Commerce, a été supprimé, ainsi que les droits de pesage qui s'y percevaient.

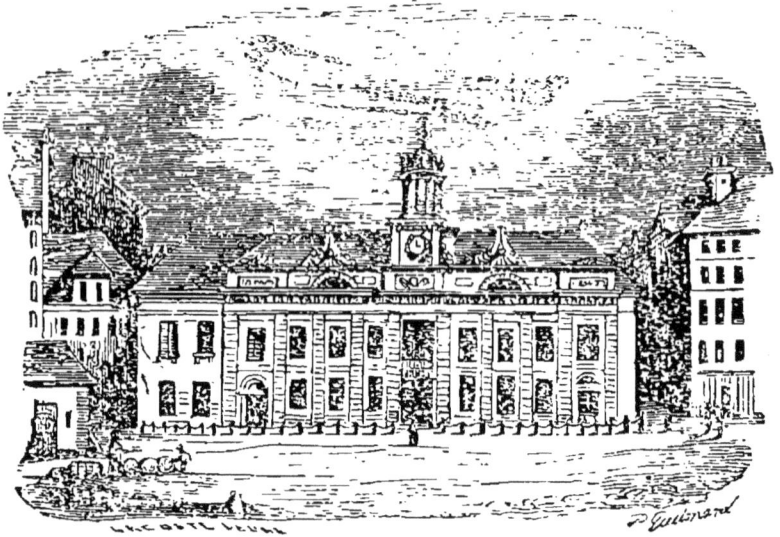

Arsenal de la Marine.

L'Arsenal de la Marine fut construit en 1669 sur l'emplacement de l'Hôpital du Havre, qui fut transféré à Ingouville; réparé en 1776, il renfermait alors une salle assez vaste pour contenir dix mille armes, et une chapelle dite la chapelle du Roi; la porte d'entrée principale de l'arsenal donne accès sur une vaste cour entourée de galeries. Cet édifice se liait à d'autres constructions, toutes affectées au service de la marine de l'Etat, et qui ceignaient le bassin du Roi, fermé de portes grillées d'un beau travail. A l'est du bassin, la ville avait fait bâtir, en 1733, un corps de casernes qui fut longtemps occupé par deux compagnies françaises de la marine. La dénomination de Quai des Casernes a survécu à cet établissement sur lequel s'élève aujourd'hui l'Hôtel de la Sous-Préfecture.

L'arsenal a changé de destination depuis la suppression des établissements de la marine militaire : c'est aujourd'hui l'hôtel du commissaire général.

La façade de cet édifice, qui porte sur des cartou ches les noms de Jean-Bart, Tourville, Duquesne et Dugay-Trouin, est défigurée par l'adjonction d'une aile au sud, qui produit un effet désagréable. Il est surmonté d'un petit dôme, soutenu par des colonnes, renfermant une horloge et une cloche qui servait autrefois pour appeler les ouvriers aux travaux du port.

Manufacture des Tabacs.

L'écossais Law, dont le système fut si fatal à la France, voulut établir au Havre un hôtel des monnaies ; l'emplacement choisi, on se mit à l'œuvre ; mais les travaux furent si mal dirigés, que l'édifice s'écroula avant d'être achevé. Les fermiers généraux achetèrent cette construction, qu'ils transformèrent en une manufacture de tabacs, destination qu'elle a conservée jusqu'en 1829. A cette époque, une ordon-

nance la supprima et la convertit en un simple entrepôt de tabacs en feuilles.

Les choses restèrent en cet état jusqu'en 1831,
époque où s'opéra le rétablissement de cette manufacture, dont les produits de fabrication avaient toujours eu dans l'intérieur une réputation méritée. On
profita de la réorganisation pour apporter de nom-
breuses et d'économiques améliorations dans la manutention des tabacs.

Le Gouvernement avait tenté avec succès à Paris
l'application de la force produite par les machines à
vapeur à la plupart des gros ouvrages de fabrication,
tels que le hachage et la pulvérisation. Ce fut d'après
un système semblable que fut recréée la manufacture
du Havre, destinée à pourvoir à la consommation de
l'ancienne province de Normandie.

L'entrepôt des tabacs en feuilles, récemment construit et situé rue d'Orléans, est un établissement d'un
bon style, construit dans de vastes proportions et qui
mérite d'attirer l'attention du promeneur.

Entrepôt Réel.

En 1590, Marie de Barthenney, femme du Maréchal
de Joyeuse, fonda au Havre un couvent de capucins,
qui recevaient 400 francs d'aumône sur les octrois de

la ville. L'église et les dortoirs de ces bons pères servent aujourd'hui d'entrepôt réel ; depuis quelques années, on cherche en vain les traces de cette capucinière ; un autre monument plus utile est sorti de ses ruines.

L'Entrepôt réel, qui s'étend sur une grande partie de la Barre, comprend trois corps de magasins élevés d'un étage au-dessus du rez-de-chaussée, solidement construits, et dont l'achèvement date de l'année 1829. C'est là que sont déposés pendant un laps de temps que la loi a déterminé, les marchandises qui n'ont point encore acquitté les droits d'entrée, et celles qui, venues de l'étranger par les frontières de terre, attendent le moment de leur exportation ; la valeur approximative de ces deux classes de marchandises ne s'élève pas, terme moyen, à moins de cinquante millions de francs ; ces magasins ont été bâtis aux frais de la ville, qui fait percevoir par ses agents, un droit de loyer sur chaque colis que le commerce y dépose.

Leur insuffisance a fait adopter, depuis quelques années, comme succursale de l'entrepôt réel, une série de bâtiments construits sur le côté sud du bassin Vauban, en dehors des fortifications, par MM. Périer et Cie, de Paris, La ville partage avec cette compagnie, et dans une proportion déterminée, les droits de magasinage des marchandises qui entrent dans cette succursale.

La Douane.

A l'angle du quai Notre-Dame, Nicolas Lecarpentier, architecte de Rouen, construisit en 1754, par ordre des fermiers-généraux, un bâtiment qu'on appelait — la Romaine, — du nom de la balance employée à peser des marchandises.

C'est aujourd'hui le bureau central de la Douane. Sous le rapport architectural, cet édifice, assez mesquin dans ses proportions et insuffisant pour son service, n'a rien qui le recommande à l'attention du voyageur.

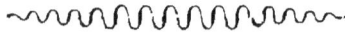

La Bourse.

Ce qu'on appelle la Bourse du Havre n'est plus aujourd'hui qu'un monument sans destination : c'est un petit bâtiment adossé à la partie du rempart occidental, entre la tour de François 1er et la porte du Perrey, qui conduit à la jetée du nord-ouest. Il se compose d'un rez-de-chaussée ; là, se trouve un petit salon donnant accès à une salle assez vaste formant un carré long, cette salle s'ouvre au sud sur un péristyle presque de plain-pied avec une cour plantée d'arbres et entourée de grillages de bois.

Depuis quelques années, les négociants du Havre ont cessé de tenir bourse sur ce point, situé à l'extrémité de la ville : ils traitent de leurs affaires sur la place du Spectacle, plus centrale, et s'abritent, quand le temps est mauvais, soit sous les Arcades sud et dans la Galerie Fouache, soit dans un local construit spécialement pour eux, rue de la Comédie, et qui porte le nom de Lloyd Havrais, dont le salon a servi également aux concerts et bals publics.

Salle de Spectacle.

En 1817, le duc d'Angoulème posa la première pierre de notre théâtre, dont la construction ne dura pas moins de huit années. Il fut ouvert au public le 25 Août 1825. Le discours d'inauguration, composé par un de nos compatriotes, Casimir Delavigne, présent à l'ouverture, est un morceau de poésie remarquable, dans lequel l'auteur a trouvé le secret de rappeler tous les genres d'illustration dont s'honore la belle province de Normandie.

La façade principale se compose, au rez-de-chaussée de cinq portiques cintrés entre des colonnes noyées à moitié ; au premier étage, de cinq croisées également voûtées en tre deux colonnes à demi-épais-seur.

L'intérieur de cet édifice fut consumé le 29 avril 1843. Le directeur du théâtre, pour échapper aux flammes, se précipita d'une des lucarnes de l'attique et fut tué sur le coup.

En réparant les ravages de l'incendie, on apporta d'heureuses modifications à l'intérieur de ce monument ; on changea la forme disgracieuse du toît, on surmonta les attiques de statues allégoriques. La disposition de la salle fut modifiée dans sa coupe et dans sa décoration qui, l'une et l'autre, sont aujourd'hui d'un effet agréable. L'attique qui surmonte la façade est orné d'une horloge dont le cadran, comme celui du Musée, est éclairé pendant la nuit par un ingénieux système de l'invention de M. Jules Dorey, notre concitoyen.

La nouvelle salle fut inaugurée par un discours en vers de M. Ancelot, membre de l'Académie Française, une des illustrations littéraires que le Havre est fier de revendiquer.

Au point de vue du grand foyer de ce théâtre, le spectateur embrasse d'un coup d'œil le vaste et magnifique bassin du Commerce, le triple rang de navires qui en garnit les côtés, les beaux édifices qui en bordent les quais, la tête du bassin de Barre, la

Porte Neuve ; sur le dernier plan les côtes boisées de Graville, et, dans un lointain brumeux, les falaises d'Orcher. A cette occasion, Casimir Delavigne a dit :

L'armateur satisfait, pour prix de ses largesses,
Peut du sein des plaisirs contempler ses richesses.

Le Musée-Bibliothèque.

Un des monuments modernes qui frappent le plus vivement la vue de l'étranger, soit qu'il arrive au Havre par la voie de mer, soit qu'il se rende à la jetée du Nord-Ouest pour jouir de l'aspect de la rade et de l'embouchure de la Seine, c'est le Musée-Bibliothèque, voisin de la tour François 1er, de l'ancienne Bourse, et de l'Hôtel-de-Ville.

C'est une imposante composition monumentale que cet édifice qui s'est assis sur les fondements du vieux et caduc logis du Roi, contemporain de la création du Havre.

L'architecture (dit un rapport fait à l'académie de Rouen, à propos de ce Musée), a trop peu d'occasions en province de développer largement les ressources dont elle dispose, soit comme science dans la construction et la distribution des grands édifices, soit comme art dans la décoration des façades et des intérieurs pour qu'on refuse son intérêt aux œuvres capitales de ce genre. Le Musée Bibliothèque que la ville du Havre a fait construire et que ces dernières années, ont vu achever, réunit toutes les conditions que l'art et la science exigent pour sceller une œuvre de leur nom : importance de la destination, noblesse des proportions, convenance et juste mesure de l'ornementation. M. Brunet-Debaines, qui est l'auteur du plan de cet édifice et que recommandent de nombreux succès dans les concours publics, ayant invoqué le jugement de l'académie sur son travail, cette compagnie s'estime heureuse de reconnaître et de proclamer que l'artiste a tous les droits à une honorable distinction.

Le programme que M. Brunet-Debaines avait à remplir consistait à édifier, sur un terrain assez restreint, et isolé sur trois faces, un monument destiné à contenir un musée de tableaux, des galeries de bibliothèque et des collections d'histoire naturelle. La combinaison adoptée par l'architecte, pour satisfaire à toutes les exigences de cette triple destination, est remarquablement ingénieuse.

D'abord, à l'extérieur, l'édifice présente au-dessus d'un soubassement élevé, deux étages, dont le supérieur terminé en terrasse, porte comme couronnement, sur la façade antérieure, quatre statues et un petit édicule contenant une horloge. Une ordonnance de deux ordres superposés, l'ionique et le corinthien, se produisant en colonnes engagées, simples ou accouplées, séparées par de larges baies ouvertes en arcades, décore cette façade, pleine de mouvement dans les lignes et de ressauts heureusement distribués. C'est le système adopté par les anciens, au Colysée de Rome, aux Arènes de Nîmes, la fusion réalisée de la plate-bande et du plein-cintre, l'alliance des architectures grecque et romaine.

A l'intérieur, chaque étage se compose d'une vaste salle carrée, placée au centre de l'édifice, et enclavée entre quatre galeries. A l'étage inférieur, cette salle, qui n'est séparée des galeries latérales que par de vastes arcades, ouvertes en haut, fermées en bas par de petits murs de refend, forme un magnifique vestibule qui semble embrasser, dans son immense étendue, l'aire entière de cet étage. Grâce à cette ingénieuse disposition, la lumière pénètre à flots dans ce vestibule, qui ne reçoit pourtant le jour qu'à travers les galeries latérales, consacrées aux collections d'histoire naturelle.

Rien de plus splendide, de plus grandiose que cette somptueuse introduction, si vaste à travers ses échappées latérales, si richement découpée de colonnes, de balustres et d'arcades, qu'au Louvre même on chercherait vainement sa pareille. A l'étage supérieur, la même disposition produit un effet tout

différent. La vaste salle du centre, séparée des galeries
qui l'enveloppent par des murs pleins, n'est éclairée
que par un dôme vitré ; c'est le Musée des tableaux.
Les galeries de pourtour, éclairées latéralement par
les trois façades, sont consacrées à la bibliothèque.

L'escalier, qui s'ouvre au fond du vestibule en face
de la porte d'entrée, d'abord par une montée unique,
qui se divise, à la hauteur du premier palier, en deux
rampans faisant retour, aboutit au premier étage,
tout à la fois à l'entrée du Musée et aux deux galeries
de la Bibliothèque.

De cet ensemble de dispositions, il résulte que les
galeries d'en bas, isolées du vestibule par les murs
de refend peu élevés dont nous avons parlé, que la
salle consacrée aux tableaux, et même que les galeries de pourtour servant de bibliothèque, sont toujours d'un libre et facile accès et peuvent être cependant, soit l'une, soit l'autre, interdites au public,
sans que la circulation des autres en soit gênée.

On accède à tou es les dépendances du Musée par
une cour d'honneur s'ouvrant sur la place des Pilotes ou de François 1er. Chacun des côtés de la porte
d'entrée est orné de deux piedestaux supportant les
statues de Bernardin de St-Pierre et de Casimir
Delavigne, deux illustrations havraises. Ces statues
sont l'œuvre de David d'Angers.

Casimir Delavigne, dont les traits sont animés par
l'inspiration, écrit ses admirables *Messéniennes*. La

noble et belle figure de Bernardin de St-Pierre est
plus calme : il compose les pages si suaves du roman
de *Paul et Virginie*, dont l'artiste a reproduit les
gracieuses figures et qu'il a placées sous le regard de
leur immortel historien.

Après avoir traversé la cour et franchi quelques
marches, on pénètre dans la salle des sculptures, qui
occupe une partie du rez-de-chaussée. A droite est
incrusté dans un socle un bas-relief du moyen-âge,
un peu mutilé, représentant la légende des trois
croix. Cet ouvrage est un débris arraché aux ravages
de 93 et se trouvait dans une des églises de notre
arrondissement.

Derrière ce bas-relief, le Baptistère ou Bénitier de
Bruneval, commune située à quelques lieues du Havre, sur la route d'Etretat ; vis-à-vis, à l'autre extrémité, un vase mexicain de grande dimension et dont
le galbe n'est pas dépourvu d'élégance.

Au pourtour des deux galeries latérales, des copies
en plâtre des bas-reliefs antiques de la galerie du
Louvre, surmontées des statues de même matière et
de même provenance : Apollon, Laocoon, Anti-
noüs, Polymnie, Vénus d'Arles etc.

A droite et à gauche du salon de sculpture, s'étendent les galeries d'histoire naturelle ; celle de gauche
a reçu le nom et le buste de Charles Lesueur, celle
de droite le nom et le buste de l'abbé Dicquemare,
deux naturalistes nés au Havre. Charles Lesueur est

mort conservateur de cette précieuse collection qui s'enrichit chaque jour et mérite déjà de fixer l'attention des amateurs. Entre ces deux galeries se trouve le splendide escalier qui conduit à l'étage supérieur. Sur le premier palier se dresse une statue en pied de François 1er, le fondateur du Havre. C'est l'œuvre de M. Dumont, membre de l'Institut ; il avait composé ce modèle dans l'espoir que la ville le ferait couler en bronze.

Au haut de l'escalier de la cour d'honneur, encore un plâtre : Diane ajustant sa clamyde.

Les parois de la salle d'attente sontdécorées de panoplies et de groupes d'armes et d'équipements de guerre des peuplades indiennes.

Le grand salon de peinture s'ouvre devant nous. Le centre en était d'abord occupé par une statue de marbre de M. E.-A. Oudiné : *Psyché,* ou mieux le sommeil de Psyché. Cet ouvrage se trouve aujourd'hui ainsi qu'une Madeleine également en marbre, dans la galerie du rez-de-chaussée.

On aurait une fausse idée de la richesse artistique du salon de peinture si l'on pensait que toutes les toiles qui le décorent sont sa propriété. Il n'en est presque rien : c'est une décoration d'emprunt. Le Musée ne possède en propre qu'une trentaine de tableaux, au nombre desquels figurent un paysage de Troyon, deux grands tableaux et de beaux cartons d'un peintre du Havre, les Vendeurs chassés du

Temple et le Judas, de M. Yvon. L'Enfant Prodigue, de Couture. Une vue du port du Havre, de M Couveley, conservateur du Musée. La jeune fille à la chèvre, de Muller; Louis XVI se rendant à Cherbourg, de C. Morin ; une nature morte, vieille toile d'une valeur réelle, et quelques tableaux de genre.

Du grand salon, nous passons dans la salle des manuscrits, également ornée de panoplies.

De cette salle, le point de vue est magnifique : on domine l'entrée du port, l'embouchure de la Seine, la tour de François 1er, une partie de la jetée du nord-ouest, celle du sud et la petite rade.

Les deux galeries latérales, parallèles au grand salon, sont affectées au service de la Bibliothèque publique. Chacune d'elles porte le nom d'un illustre compatriote, Casimir Delavigne et Bernardin de St-Pierre. Le Havre, ville d'hier, a le beau privilège de pouvoir longtemps puiser dans ses propres annales les noms historiques qu'elle donne à ses rues et à ses monuments.

La galerie de l'est ne renferme encore que des tableaux ; celle de l'ouest est la seule qui concentre nos richesses bibliographiques.

La Bibliothèque publique contient à peu près 25,000 volumes. Elle a peu de manuscrits ; mais en revanche elle est très riche, trop riche, peut-être, en ouvrages de théologie qui lui sont venus des nombreux couvents et monastères supprimés lors de la première révolution.

Le Musée et la Bibliothèque sont ouverts au public les dimanches, les jeudis et jours fériés.

La Bibliothèque n'est accessible aux lecteurs que les autres jours de la semaine (le temps des vacances excepté, du 15 août à fin septembre), elle a deux séances le jour, de onze heures à quatre heures ; le soir, de six à neuf. Elle est quotidiennement fréquentée par une cinquantaine de personnes, c'est un chiffre prodigieusement élevé pour une ville dont presque toute la population est préoccupée d'affaires commerciales et maritimes.

VII

Promenade dans le Havre.

Ancienne Enceinte.

La place de la Comédie doit être le point de départ de tout promeneur qui cherche à prendre une idée juste de l'aspect de la ville, de ses monuments, de son commerce et de ses habitudes journalières.

La salle de spectacle, alignée au milieu d'une rangée de bâtiments d'une forme élégante, avec arcades et galeries, occupe la partie occidentale de cette place ; là sont les beaux cafés du Havre et le nouveau cercle. Les côtés sont plantés d'arbres en quinconces et le milieu est entièrement dallé d'asphalte ; le côté sud est le rendez-vous des négociants et des courtiers qui, en attendant l'heure de la Bourse, viennent y causer de leurs affaires. Deux

kiosques, dont l'un est un dépôt de feuilles publiques, contribuent à l'ornement de cette vaste place,
une des plus belles, sans contredit, qu'il y ait en
France. Elle est traversée par la rue de Paris, qui
s'étend du nord au sud sur une très grande longueur,
et se termine au nord par la riante perspective du
côteau d'Ingouville; au sud, par la mer et les côtes
de la Basse-Normandie.

La rue de Paris, où s'étale le luxe des plus beaux
magasins, est ornée de trottoirs et de candélabres
d'où s'échappe la brillante clarté du gaz ; l'eau coule
de la base de quelques-uns de ces candélabres et en-
tretient la fraîcheur et la propreté sur toute l'étendue de cette voie magnifique.

La place de la Comédie est continuée, pour ainsi
dire, par le bassin du Commerce, dont la double
rangée de navires en avenue, laissant le milieu libre,
permet à la vue de s'étendre jusqu'aux extrémités
orientales de la ville. A la tête de ce bassin est dres-
sée la machine à mâter ; à l'angle nord des rues de
Paris et de la place, le très-confortable restaurant
Laiter habite le rez-de-chaussée et l'entresol d'une
maison dont les vastes salons du — Cercle du Commerce — occupent le premier étage. On compte au
Havre plusieurs sociétés de ce genre, entr'autres, le
cercle du Commerce, le Nouveau-Cercle, le cercle des
Capitaines. Ces réunions, consacrées à la lecture des
journaux, au jeu et aux causeries, font trève aux

occupations du jour. Les étrangers, sur présentation, sont admis dans les deux premières et ils reçoivent une carte d'entrée valable pendant un mois.

Les lettres et les beaux-arts sont représentés par deux autres sociétés. La première a pour titre : — Société Havraise d'Études diverses ; — elle compte douze années d'existence et s'occupe de littérature et d'économie politique ; elle siége à l'Hôtel-de Ville et publie le résumé de ses travaux. La seconde se constitue bisannuellement ; elle a pour chef le maire de la ville ; le but qu'elle se propose est l'achat de tableaux qui sont ensuite répartis aux actionnaires par la voie du sort.

Si nous traversons la rue de Paris pour nous diriger vers le quai d'Orléans, nous avons à gauche la porte d'Ingouville, une des principales entrées du Havre.

Le quai d'Orléans, qui longe la partie septentrionale du bassin du Commerce, nous conduit à la place du Commerce, vaste parallèlogramme planté d'arbres, au milieu duquel sont deux fontaines qui n'ont rien de monumental. La plupart des édifices privés du quai d'Orléans sont de beaux hôtels occupés par de notables commerçants, et décorés avec un luxe qui donne une haute idée de leur opulence. A l'est, cette belle ligne est occupée par la Porte-Neuve, élevée en 1788. Cette porte, d'un aspect assez grandiose, est ornée sur la façade extérieure de trophées

d'assez bon goût, présentant la réunion assez singulière des attributs de la guerre et du commerce ; la
pensée de l'auteur s'explique cependant, si l'on veut
bien se souvenir que le Havre fut, durant de longues
années, un port d'armement pour la marine royale.

Le bas-relief, dont le cintre de la porte est cou-
ronné, est la mise en œuvre de la même idée.

Le pont d'Angoulème, que nous avons laissé à
droite en nous dirigeant vers la Porte-Neuve, mérite
d'attirer l'attention, non par sa construction, qui ne
diffère en rien de celle des autres ponts tournants
ou à bascule, mais parce que de son point culminant la vue embrasse les deux principaux bassins du
Havre ; le bassin de la Barre, qui se prolonge au
sud et se joint à l'avant-port, et le bassin du Commerce qui s'étend à l'ouest. C'est de là qu'on peut
juger du grand mouvement commercial et maritime
qui s'opère chaque jour sur un étroit espace de quelques milles carrés.

> Et de tous les trésors qu'enferme l'univers
> Les tentes de ses quais sont toujours si remplies,
> Aux vastes entrepôts, tant de produits divers,
> Montent au son criard d'un millier de poulies.
> Que de nos autres ports avec orgueil cités,
> La fortune pâlit, moins vaste et moins féconde ;
> Bayonne a le Midi qui tremble à ses côtés,
> Marseille a l'Orient, et le Havre le Monde.

Autour de ses bassins se croisent et s'agitent des

milliers de voitures et de brouettes employées au débarquement et au transport des marchandises, des navires aux magasins et *vice versa*, un nombre infini de marins de toutes les nations, dont la diversité de langage et de costumes n'est pas une des moindres singularités de ce tableau si changeant, si mobile et si animé. Partout d'immenses dépôts de denrées, de marchandises ; partout des ouvriers, des travailleurs, des commis, des courtiers, des agents du fisc ; immense fourmilière qui s'éparpille le jour et disparaît le soir.

Le Havre, a dit un écrivain observateur, a tous les avantages et tous les inconvénients attachés à une colonie. Chaque jour ses habitants sont remplacés par d'autres ; ceux-ci par de nouveaux encore. La vie étant fort chère, le repos impossible, dès qu'on a acquis par le travail une aisance en rapport avec ses goûts et ses penchants, on le quitte ; sa population est une agglomération hétérogène qui porte une physionomie toute particulière ; dans les gens du peuple, elle s'efface bientôt, mais elle se conserve dans les classes supérieures de la société ; ses traits sont très sensibles surtout pour l'homme qui, échappé un instant du monde de Rouen et de Paris, tombe tout à coup dans le nôtre ; il est surpris d'y trouver une réserve, un esprit catégorique, une froideur dans les relations habituelles de la vie qu'on ne rencontre pas ailleurs ; tout cela s'explique peut-

6

être par le peu d'avenir qu'on donne généralement à son séjour au Havre. Eh ! qui ose se mettre en frais d'avances, en arrangement d'intimité, si l'on médite, au moment où l'on s'établit, de transporter un peu plus tard ses pénates en d'autres lieux ?

La population du Havre est forte, d'une haute stature, plus généralement blonde que brune ; elle supporte la fatigue sans souffrir, se livre à des travaux pénibles, les conduit avec patience et une certaine docilité. Quoique le contact qu'elle a avec les étrangers modifie sensiblement son caractère primitif, on peut dire que le peuple du Havre est loin d'avoir la taquinerie du Gascon, l'irritabilité du Provençal, la brusquerie du Breton ; en revanche n'a-t-il pas la perspicacité du premier, la vivacité du second, et la franchise du dernier.

Cette digression nous a un peu éloignés de notre point de départ ; nous avons parcouru le côté ouest du bassin de la Barre, occupé dans presque toute sa longueur, par les paquebots américains.

C'est par l'effet d'une ancienne habitude que nous avons conservé à ce bassin le nom de la Barre; depuis quelques années il l'a changé contre celui plus glorieux de Casimir Delavigne. C'est dans une maison de ce quai que naquit l'auteur *des Messé-niennes*. Une inscription gravée sur le marbre rappelle la date de la naissance et celle de la mort de notre illustre concitoyen.

En suivant la ligne des quais, nous longeons le quai de l'Ile, établi sur l'avant-port. Puis, après avoir franchi le pont Notre-Dame, nous suivons encore une ligne de quais portant le même nom. Nous doublons la pointe de la Douane, comme disent les marins, et nous arrivons à la place des pilotes. Là nous avons en perspective, à l'est, l'avant-port où stationnent les bateaux à vapeur qui, chaque jour, font le trajet du Havre à Honfleur, à Caen et à Cherbourg. Au nord, c'est encore la rue de Paris, sur laquelle s'étend le principal portail de l'Eglise de Notre-Dame, puis le marché aux comestibles, en face duquel s'ouvre la rue de la Halle; vers le milieu de cette rue, à l'angle de la rue des Viviers, une de celles qui eût le plus à souffrir dans le bombardement du Havre, en 1674, s'élève un bâtiment d'assez lourde construction où siègent les tribunaux de paix et la direction du bureau central de l'octroi; en face de nous est la rue de la Corderie à laquelle nous devons une station. Cherchons le N° 47, car, là, fut le berceau de l'auteur de *Paul et Virginie.* Les étrangers qui visitent le Havre ne manquent jamais de rendre visite à ce modeste édifice.

Le père de BERNARDIN DE ST-PIERRE était directeur du coche du Havre à Rouen.

Longtemps cette maison attendit qu'une main reconnaissante gravât sur sa porte une inscription qui rappelât qu'elle vit naître un grand homme; et pour-

tant l'autorité ne prit pas l'initiative ; ce fut un particulier qui remplit ce devoir, en faisant écrire sur
un marbre noir le jour de la naissance et l'époque de
la mort de BERNARDIN DE ST-PIERRE.

On montre encore dans la rue de la Corderie la
vieille prison, composée de cachots humides, creusés
dans l'épaisseur des remparts. En 1807, on abandonna
cet affreux repaire, et les prisonniers furent trans-
férés dans un local construit sur l'emplacement de la
maison des religieuses ursulines, place du Marché-
Neuf.

De cette place nous arrivons en quelques pas au
collége , vaste bâtiment approprié à sa destination ,
mais où l'amateur de curieux monuments n'a rien à
voir. L'instruction est bien dirigée dans ce collège
dont les élèves sont nombreux.

L'abattoir est voisin du collège et de la place
Louis-Philippe , la plus belle place , sans contredit ,
après celle de la Comédie. Située à l'extrémité la plus
occidentale de la ville, cette place à la forme d'un
carré long.

Elle est plantée d'arbres sur ses côtés, et son pour -
tour est occupé par de légères constructions à l'italienne qui servent de halle aux marchands de comestibles.

Au centre de la place s'élève une pyramide qua-
drangulaire de granit de Cherbourg dont la base est
noyée dans une vasque de la même matière; c'est la

seule fontaine monumentale que possède le Havre.

En sortant de cette place par les rues de l'est on se retrouve au point de départ, la place de la Comédie.

VIII

PROMENADES

Dans les nouvelles sections du Havre et la Banlieue

Graville.— Le Château.— L'Abbaye.

———∿∿∿⊕≋⋉∿∿———

Au VIIᵉ siècle, la mer venait baigner la côte de
Graville, et toute la plaine, qui aujourd'hui sépare
cette côte de la mer, formait une baie vaste et
parfaitement abritée, où les pirates du Nord cherchè-
rent souvent un refuge contre les tempêtes. En l'an
850, une bande normande qui remontait la Seine
et à la tête de laquelle était Godefroi, choisit ce
lieu pour y passer tranquillement l'hiver. Un roi de
la première race, on croit même que ce fut Lothaire,

eut sur ses bords une entrevue avec un des chefs de ces pirates, et la tradition , qui a perpétué le souvenir de ce fait , désigne encore dans le pays la place où le roi et le chef normand se rencontrèrent ; ce fut sans doute au pied de la côte , non loin de l'emplacement sur lequel s'élevait jadis un château-fort , entouré de tours et d'un fossé profond dans lequel coulait un ruisseau qui s'échappait de la montagne.

Ce château a disparu depuis une cinquantaine d'années.

Mais un monument plus curieux est resté : c'est la vieille abbaye qui date de la seconde moitié du XIe siècle. L'église, en traversant une longue période, a perdu de son caractère architectural primitif ; elle a la forme d'une croix latine ; son aspect est sévère.

Le clocher jeté sur les transepts , est un corps carré qui rappelle les nombreux clochers romans de la haute-Normandie. Il est très court, comme tous ceux de cet âge; il ne se termine pas par des modillons sculptés, ni par des consoles unies , il finit brusquement , et c'est à peine s'il admet pour terminaison une simple saillie de pierres en forme de corniches. Sur chaque pan de mur on voit deux rangs de fenêtres cintrées; le premier rang est en partie effacé par les toîts des nefs et des transepts ; l'autre , plus élevé, présente deux grands cintres en encadrant deux petits. Les voussures en sont riches et garnies d'élégantes colonettes; une flèche d'ardoise couronne cet intéressant clocher.

Jusqu'ici , ce que nous avons vu de l'église appartient généralement à l'architecture du XIᵉ siècle ; mais il n'en est pas de même de ce qui reste à explorer. Le style en pointe du XIIIᵉ siècle , domine dans le chœur , les chapelles , le sanctuaire et les caveaux souterrains du cloître.

Le chœur ne présente pour fenêtre à l'intérieur que des œils de bœuf , sorte de rosaces unies.

La corniche , comme celle du sanctuaire , se compose de pierres plates , taillées en coin , cachet incontestable du XIIIᵉ siècle. Au chevet du sanctuaire on remarque trois contre-forts unis, mais plus développés que ceux de la nef. « J'ai remarqué aussi, dit M. l'Abbé Cochet, au bout de la chapelle latérale, au nord , une fenêtre à ogive qui me paraît du même temps. »

Sous le cloître, on voit des caveaux ou salles souterraines , qui ont une ressemblance frappante avec le style du sanctuaire et l'ogive du portail.

L'église de Graville a environ 50 mètres de long sur 13 de large. La longueur des croisillons , ou bras de croix , est de 23 mètres. La hauteur du chœur , prise sous voûte , est de 10 mètres. Le clocher a une élévation d'environ 33 mètres.

La nef est une des plus curieuses que l'on puisse rencontrer, et elle présente un des plus beaux types de l'architecture du XIme siècle ; elle est composée de chaque côté, de six arcades cintrées, dont les chapitaux présentent des détails architectoniques du plus haut intérêt.

L'église tout entière de Graville, continue M. l'Abbé Cochet, n'est qu'un vaste tombeau dédié à Ste-Honorine, vierge et martyre : « L'an de J.-C. 303, ajoute le même historien, fut martyrisée par les païens de Juliobona, aujourd'hui Lillebonne, Honorine de Mélamare. C'est à la naissance de la vallée de Tancarville que la vierge fut immolée. De cet endroit son corps fut jeté dans la Seine qui, pieuse messagère, le transporta doucement jusqu'à son embouchure : elle le déposa respectueusement dans la crique de l'Eure, d'où il fut recueilli, renfermé dans un sarcophage et soigneusement caché dans le flanc de la colline. »

Bientôt les populations voisines vinrent prier sur cette tombe; et l'église où elle avait été placée ne tarda pas à prendre le nom de la sainte, au tombeau de laquelle elle devait son existence et sa splendeur.

En 840, lorsque tout fuyait devant les épouvantables ravages des hommes du Nord, on enleva le corps de Ste-Honorine en brisant la tête du sarcophage. Les clercs chargèrent ce précieux fardeau sur un cheval qui le transporta jusqu'à Conflans.

Les moines de Conflans, riches des présents déposés sur le reliquaire de la Sainte lui élevèrent, en

1083, une superbe basilique. Dans l'église du prieuré de Graville on voit encore aujourd'hui, dans la paroi du côté nord, son tombeau, vide il est vrai, mais toujours l'objet de la vénération des fidèles.

On ignore l'époque de la construction du prieuré, dont une partie fut dévorée par les flammes, en 1787, il en est resté une terrasse qui a servi de point d'étude à plusieurs paysagistes, parce qu'on y jouit d'un site admirable. Il est certain que des chanoines réguliers de la congrégation de France y furent appelés au commencement du XII° siècle, et ils y restèrent jusqu'à la révolution. Ils y étaient au nombre de cinq ou six, jouissant d'un revenu de quarante mille francs, et vivant en épicuriens.

La partie du prieuré la mieux conservée est une cave voûtée à plein cintre, au milieu de laquelle se trouve un puits creusé à une grande profondeur.

Les seigneurs de Graville jouent un grand rôle dans l'histoire des ducs de Normandie : plusieurs furent célèbres par leur bravoure.

Henri V, roi d'Angleterre, logea au prieuré de Graville, lorsqu'il débarqua au Hoc, en 1415, avec une nombreuse armée destinée à ravager le territoire français.

Avant de quitter ces lieux, si remplis de pieux souvenirs, faisons quelques pas sur le cimetière qui ceint l'église dans sa partie septentrionale. Le premier objet qui frappe les regards au couchant, c'est une croix de pierre dont les bras sont ornés d'un élégant grenetis. Le croisement des branches est entouré d'une rose fermée. C'est un chapelet de pierre que le temps a bruni, ce qui lui donne un aspect très pittoresque. Point de dessinateur, point de paysagiste, qui ne l'ait esquissée, point d'artiste qui ne l'ait placée dans son album.

Tournez maintenant vos regards vers l'Orient : ce sont trois tombes dans le style du moyen-âge, qui recouvrent les dépouilles mortelles d'un père et de ses deux enfants.

Le père, c'était Nicolas-François Lefebvre, négociant du Havre, qui jeta sur la partie sud de la commune de Graville les fondements d'une ville nouvelle, et qui mourut en 1843, après avoir contribué à l'édification de l'église Ste-Marie. L'un de ses fils l'avait précédé dans la tombe, et pour cette tombe d'enfant, Victor Hugo, l'ami de cette famille infortunée, fit ces vers :

Vieux lierres, frais gazon, herbe, roseaux, corolles,
Eglise où l'esprit voit le Dieu qu'il rêve ailleurs ;
Mouches qui murmurez d'ineffables paroles
A l'oreille du pâtre assoupi dans les fleurs,

Vents, flots, hymne orageux, chœur sans fin, voix sans
Bois qui faites songer le passant sérieux,   [nombre,
Fruits qui tombez de l'arbre impénétrable et sombre ;
Étoiles qui tombez du ciel mystérieux.

Oiseaux aux cris joyeux, vague aux plaintes profondes ;
Froid lézard des vieux murs, dans les pierres tapi :
Plaines qui répandez vos souffles sur les ondes ;
Mer où la perle éclot, terre où germe l'épi.

Nature d'où tout sort, nature où tout retombe,
Feuille, nids, doux rameaux que l'air n'ose effleurer,
Ne faites pas de bruit autour de cette tombe ;
Laissez l'enfant dormir et la mère pleurer !

Victor Hugo.

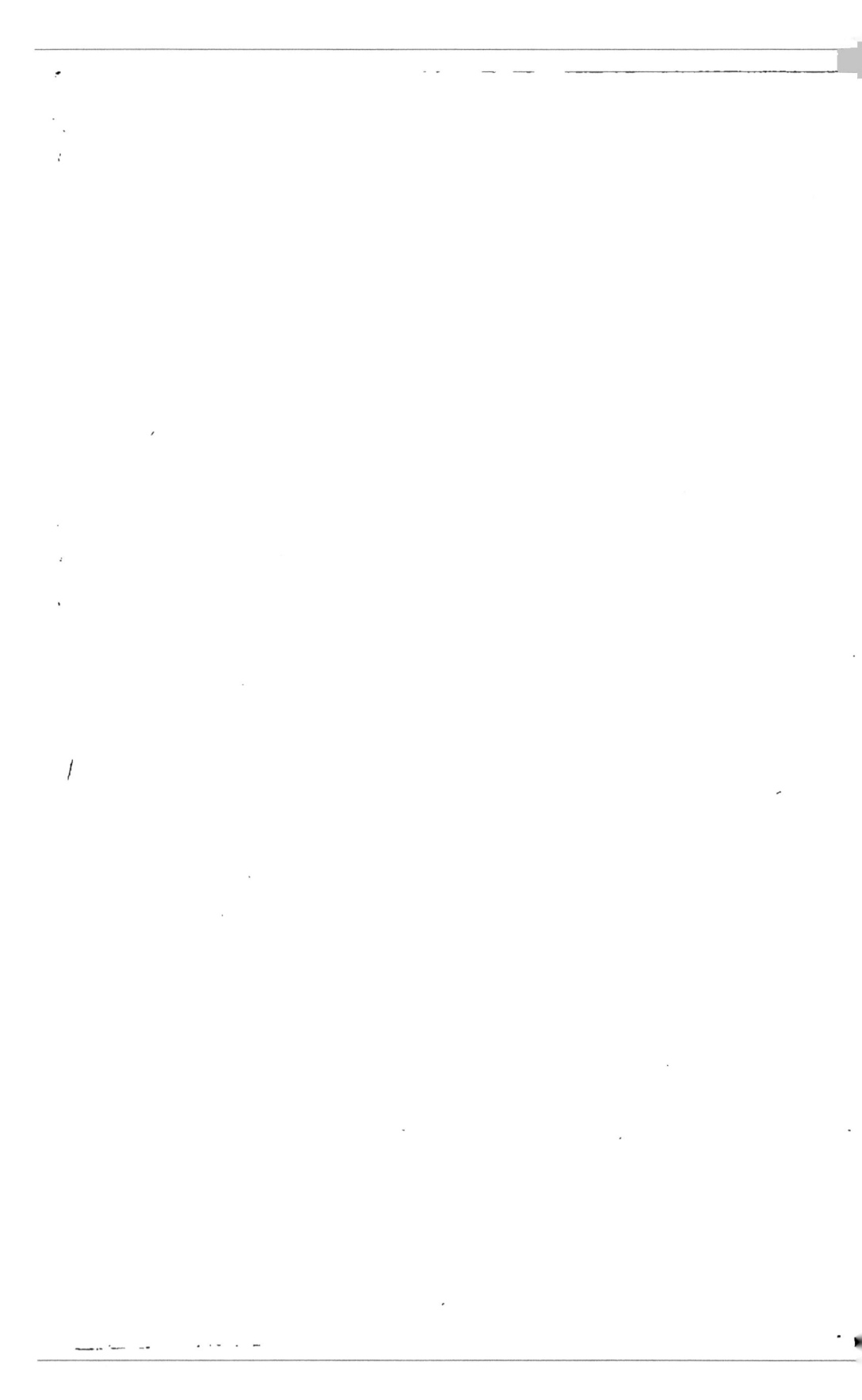

IX

HARFLEUR.

—◦◦◦◦◦◦◦—

La route nationale qui traverse Graville nous con-
duira directement à Harfleur, qui n'en est éloigné
que d'une demi-heure de marche.

L'origine de cette ville n'est pas connue ; mais
tout porte à croire qu'elle remonte à une haute anti-
quité. L'histoire de son commerce, de ses guerres,
de ses malheurs est longue et glorieuse. Les do-
minateurs du monde y ont laissé quelques vestiges
de leurs constructions, et plusieurs médailles à l'effigie de leurs maîtres. Les hommes du Nord la sac-
cagèrent de fond en comble ; mais lorsque Rollon
fut appelé par un roi de France à donner des lois à
la Normandie, il s'occupa de relever les murs d'une
ville que sa position rendait importante. La sûreté
de son port, quelques manufactures de draps et d'autres tissus, y attirèrent les étrangers, principalement

les Espagnols, et son commerce prit un accroissement
considérable. Mais un ennemi persévérant convoita
sa position et l'obtint plusieurs fois, soit par ruse,
soit par la force des armes, soit par des traités. Par
un contrat de mariage daté de 1170, qui unissait
Henri le jeune, — au court mantel, — fils de Henri II,
roi d'Angleterre, avec Marguerite, fille de Louis VII,
roi de France, ce dernier monarque céda Harfleur
aux Anglais, — ce qui causa un très grand chagrin
aux anciens Français, — dit une chronique, —
comme étant très considérable et le port le plus avan-
tageux de la Normandie. — Depuis cette époque, il
fut toujours un sujet de litige et de guerre entre les
deux puissances, et souvent il éprouva les rigueurs
d'un siége et les horreurs d'un bombardement. On
était alors (1450) dans l'usage de lancer, à l'aide de
mortiers, sur les villes assiégées, des globes de pierre
de vingt à vingt-huit pouces de diamètre. Plusieurs
globes de cette espèce servent aujourd'hui de bornes
à des maisons d'Harfleur. Le roi d'Angleterre, après
en avoir fait le siége, en prit lui-même possession ;
il vint à cheval jusqu'à la porte principale où il descendit, se fit déchausser, et fut pieds nus jusqu'à
l'église Saint-Martin, où il fit son oraison très dévotement, en rendant grâce à Dieu de sa bonne fortune ; ensuite il fit mettre les nobles et les gens de
guerre en prison, et peu après ordonna qu'on les
conduisît hors de la ville, n'étant vêtus que de leurs

pourpoints. « Après qu'il eût fait mettre leurs noms
» en écrit, il les fit jurer sur leur foi qu'ils se ren-
» draient tous prisonniers en la ville de Calais, dans
» la Saint-Martin d'hiver prochain, et sur ce, parti-
» rent ; et pareillement furent mis prisonniers la
» plus grande partie des bourgeois de la ville, dont
» quelques uns se rachetèrent par de fortes sommes.
» On chassa les femmes et les enfants en leur rete-
» nant leurs vêtements, et ne leur donnant que cinq
» sous. Rendus à Calais, le roi d'Angleterre, crai-
» gnant qu'ils ne s'échappassent, et qu'ils ne retour-
» nassent à Harfleur, les fit empoisonner et confisqua
» leurs biens. »

Mais ils furent vengés par leurs enfants qui
échappèrent à la férocité du vainqueur. Cent quatre
habitants, de ceux qui, par grâce spéciale, avaient
obtenu de rester dans la ville, conspirèrent contre
leurs oppresseurs, et rendirent, par leur courage,
Harfleur au roi de France. Avant la révolution, on
sonnait tous les jours au lever de l'aurore, cent
quatre coups de cloche, en commémoration de cette
action patriotique.

En 1840, ce glorieux anniversaire a été rétabli ; un
descendant des braves défenseurs du pays normand,
M. le maréchal Grouchy, a pourvu généreusement
aux frais de la cérémonie ; il a, de plus, fondé une
distribution annuelle de secours aux indigens de la
ville.

7

Nous ne suivrons pas les annales de cette ville dans les différentes phases de sa fortune, ce récit nous éloignerait du but que nous nous sommes proposé ; nous ajouterons, cependant, que les guerres de la ligue amenèrent la destruction des remparts d'Harfleur, qui fut ordonnée par un des gouverneurs du Havre, à une époque où cette place avait perdu toute son importance avec son commerce.

Le port d'Harfleur sort lentement de son long sommeil et peut-être le temps n'est pas éloigné où se réveilleront simultanément son industrie et sa navigation.

Harfleur est traversé par la Lézarde qui se jette dans la Seine, à quelque distance au sud de la ville dont la population est de 1,500 habitants.

Harfleur tout entier, a dit un spirituel historien, c'est le clocher de son église , géant de pierre qui commande la Seine, aussi digne de la renommée colossale dont il jouit dans les pays environnants, que de l'attention du voyageur et de l'admiration de l'archéologue.

Parlons d'abord de l'église placée sous l'invocation de Saint-Martin. — Ce monument religieux, réédifié sur les débris de deux églises, dont l'une datait de 1035, et l'autre probablement de 1411, renversées l'une et l'autre à l'époque des siéges soutenus par Harfleur, offre ,dans plusieurs de ses parties, des traces de mutilation et de non achèvement ; le côté sud n'a jamais été terminé ou a été détruit, de sorte que la nef se trouve établie dans un des bas côtés.

Le portail latéral du nord est en revanche un des plus jolis porches que l'on puisse rencontrer. Nous allons essayer de le décrire, c'est encore M. Cochet qui parle; mais pour le bien faire connaître un crayon vaudrait mieux qu'une plume.

L'ouverture extérieure est une charmante accolade non achevée, toute tapissée de feuilles de vignes. Trois rangs forment la voussure : le premier de feuilles de vigne et de grappes de raisins, les deux autres de feuilles de chardon presque aériennes. Les angles ressortant, les saillies sont couvertes de panneaux simulés à pinacles avec des renards, des rats, des crapauds, des lézards qui grimacent, qui s'agitent qui sautillent :

> Comme à la fin lassés d'un éternel repos,
> On dirait que la vie anime ces reptiles
> Qui s'épuisent souvent en efforts inutiles
> Afin de s'échapper de ces réseaux puissants.
> Où leurs corps sont captifs depuis quatre cents ans.

Sous le porche on voit d'un côté trois niches ogivales et de l'autre quatre. Ces niches sont dentelées, bordées de crochets, couronnées d'accolades, garnies de pinacles et voient leurs socles descendre en feuilles de chardon.

La voûte très ramifiée cache ses jonctions d'arceaux sous un joli voile de filet.

Le portail intérieur a deux compartiments, chacun séparé par des niches. La grande est couronnée par un dais magnifique, le socle du dais renferme cinq petites statuettes, malheureusement mutilées. Les socles des niches latérales sont aussi les dais des quatre statuettes disparues.

Les portes en anse de panier sont revêtues de feuilles de vigne et de chardon. Au milieu de l'entrée est une statuette du XVIe siècle, qui tient dans ses mains un rameau de vigne comme un vendangeur. Est-ce là un emblême mystique ou une simple allusion aux vignobles d'Oudalle et d'Orcher !

Au-dessus des deux battans s'ouvre une fenêtre à triple voussure, ornée comme toujours de feuilles de vigne avec des grappes de raisin, de feuilles de chêne avec des glands, de feuilles de choux et de feuilles d'artichauts. Le remplissage est formé avec des flammes dans lesquelles sont des statuettes coloriées sur verre.

Cette fenêtre enfin se subdivise en deux accolades ornées d'un rang de feuilles de chêne et d'un rang de feuilles de chardon.

Telle est l'esquisse imparfaite de cet admirable portail si plein de grâce, et qui, nous osons à peine l'imprimer ici, faillit tomber en 1819 sous le marteau destructeur d'un des curés de la paroisse.

Le plus beau morceau qui domine toute l'église et qui, à lui seul est un monument, c'est le clocher, haut de 83 mètres. — Tour carrée dans sa base, elle se modifie en s'élevant. Une forêt de contre-forts l'environné : ornements autant qu'appuis, ils sont tapissés de niches dont les socles descendent en feuilles de chardon, et dont les voussures élégantes s'allongent en accolades garnies de crochets. Deux rangs d'ogives flamboyantes et aveugles dissimulent la nudité des murs. La tour est surmontée par une balustrade.en feuilles de fougères, et, des quatre angles s'élancent des arcs-boutans. Quatre petites pyramides à crochets entourent la flèche principale qui, svelte et légère, s'élance dans les airs, garnie de crochets, comme un peuplier muni de feuilles.

Une vieille tradition, transmise par le peuple et favorablement accueillie par quelques écrivains modernes, attribue cette tour aux Anglais. Quelques-uns vont même jusqu'à en faire un trophée de la bataille d'Azincourt. Un poète, né sur nos rivages, a consacré, par de beaux vers, cette légende populaire; et c'est en faisant un appel aux monuments qui avaient le plus frappé sa jeune imagination que Casimir Delavigne s'est écrié, en s'arrêtant devant cet obélisque.

C'est le clocher d'Harfleur, debout pour vous apprendre
Que l'Anglais l'a bâti, mais n'a su le défendre.

Tout le pavé du chœur de l'église Saint-Martin est formé de grandes dalles qui sont incontestablement, dit M. Viau dans son esquisse sur Harfleur, d'anciennes tombes dont l'inscription est effacée. La plus belle de toutes est celle qui sert de première marche au maître autel et qui, malheureusement, reste à moitié engagée dessous. Elle représente un portail de cathédrale. Le tympan garni de crochets est orné d'une magnifique rose ; une rangée d'anges l'entoure en haut et en bas. Les deux encadrements laissent voir un homme et une femme couchés sur le dos et mains jointes.

Au pied des marches du même autel est une charmante pierre du XVIᵉ siècle, travaillée dans le style de la renaissance. On voit une grande dame couchée, mains jointes, la fraise au cou, la tête couverte d'un bonnet a la Marie Stuart, et posée sur un coussin. Les poignets sont garnis de manchettes, et la robe, boutonnée de haut en bas, se termine par un gland. Voici l'inscription qu'on lit autour de l'image :
» Le XXIᵉ jour d'octobre 1575 fut cy inhumée
» damoiselle Katerine de la Roe, vefve de feu noble
» homme M. Robert Tyrel, lieutenant de M. le
» Bailly de Rouen en la vicomté d'Auge, lequel
» décéda à Paris et fut inhumé audit lieu le XIIIᵉ
» jour de febvrier 156...... Priez Dieu pour leurs
» Ames. »

On chercherait en vain dans l'église d'Harfleur ces riches vitraux coloriés qui l'embellisaient avant la révolution, et que l'on acheva de détruire à cette époque si désastreuse pour nos monuments religieux. Les peintures murales ont également disparu il y a cinquante ans.

Parmi le petit nombre d'objets d'art qui ont survécu à tant de fatalités accumulées sur cette église, je citerai la porte en bois du portail latéral sculptée au XVIIe siècle ; deux bénitiers qui remontent à la construction de l'église ; celui du grand portail au fond d'une petite chapelle m'a paru remarquable. En fait de tableaux, on ne peut mentionner que quatre portraits de capucins venus du couvent de la ville.

Ils ont poussé au noir et sont un peu usés ; mais ces pauvres toiles ont éprouvé tant de vicissitudes qu'il faut encore s'étonner qu'elles existent.

Enfin les deux morceaux les plus remarquables sont les boiseries de l'orgue et la contre-table.

Le buffet de l'orgue est un travail du genre Louis XIII, sur lequel on a mêlé le sacré et le profane. Les statues me paraissent représenter des saints : Au-dessus sont deux chars superposés, l'un traîné par deux chevaux, comme celui de Neptune ; l'autre par deux colombes, comme celui de Vénus. Malgré cela, M. Viau ajoute que l'on a mis judicieusement les plus jolis panneaux par derrière.

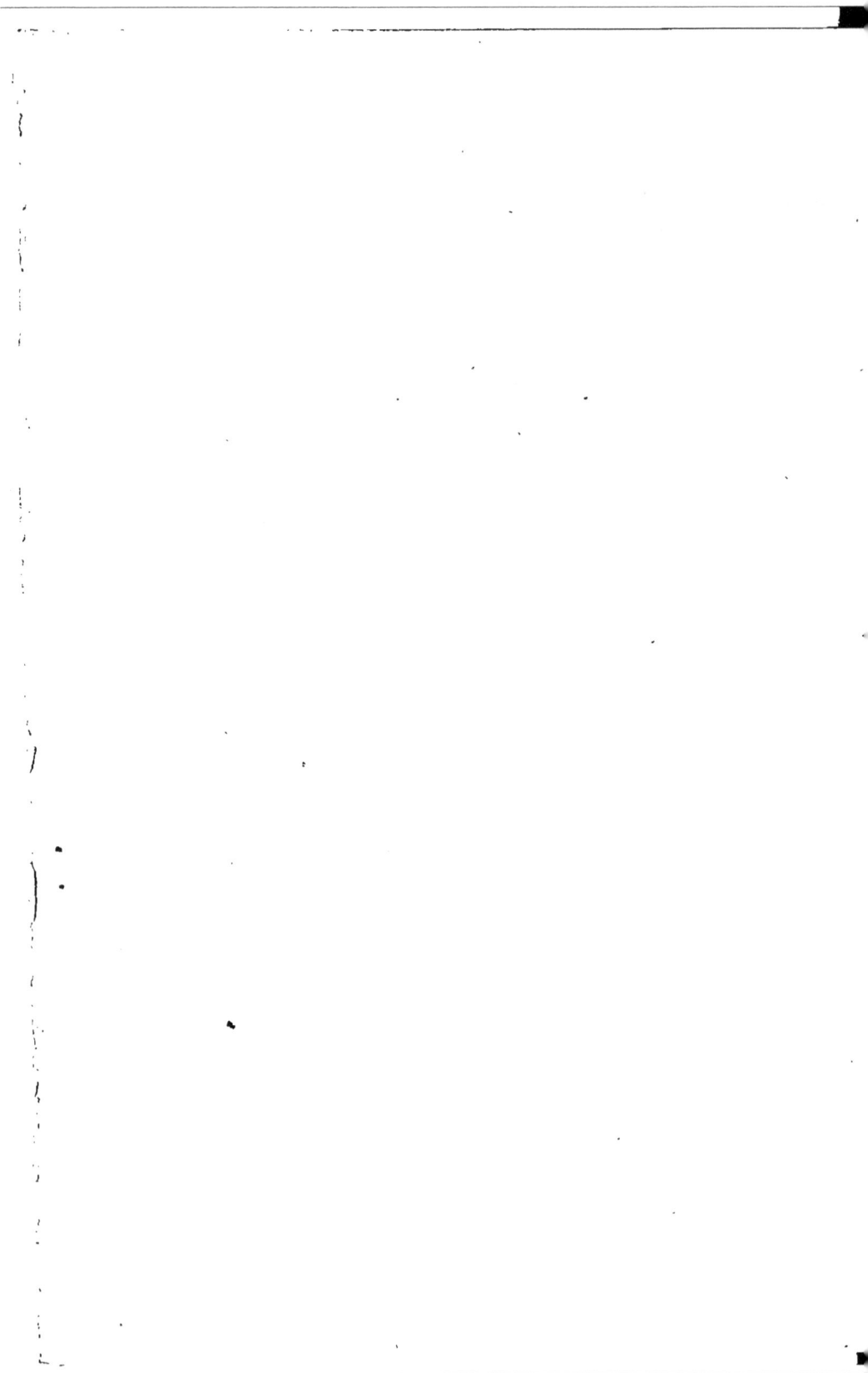

MONTIVILLIERS.

En sortant de Saint-Martin d'Harfleur par ce charmant portail du nord que nous quittons à regret, pour peu que nous soyons impressionnable aux beautés de l'art, nous suivrons encore une fois la route nationale qui longe l'église, et en quelques minutes nous serons hors de la ville, au point de bifurcation de deux grands chemins, comme jadis on disait.

L'un conduit à Rouen et à Paris, à travers le plateau cauchois; l'autre à Dieppe et à Lille. C'est sur la route de Dieppe, à cinq kilomètres d'Harfleur, que nous trouverons la ville de Montivilliers. Passons d'abord sous le petit viaduc que sillonne vingt fois par jour la locomotive ; laissons à droite la première station du Havre à Rouen, jetons un coup d'œil sur la riante vallée de Gournay qui s'ouvre devant nous et admirons cette belle campagne et ces collines boisées qui longent à l'est et à l'ouest le frais vallon au milieu duquel rubanne la Lézarde, petite rivière qui prend sa source à quelques lieues de là, au pied d'un délicieux castel à tourelles.

A notre droite encore, le château de Colmoulins, récemment surbaptisé *villa Viel*, du nom de son heureux et nouveau propriétaire.

Maintenant, découvrez-vous, plus d'à-moitié cachée à travers les grands arbres, la pointe grisâtre de la flèche d'un clocher ? C'est la presque dix fois séculaire abbaye royale de Montivilliers. Nous entrons dans la ville, calme, fraîche et coquette ; calme, car Montivilliers n'a pour ainsi dire qu'un jour de vie et d'animation : c'est le jeudi. — Le jeudi que se tient son grand marché aux céréales, et quelques autres jours encore, à l'époque de ses foires d'automne.

Point ne vous ferai l'histoire de cette ville ; cette histoire est çà et là éparse dans la vieille cité avec les restes de ses fortifications féodales. Mais je vous dirai : Si vous avez une heure à donner à la vieille abbaye royale, cette heure vous laissera des souvenirs, car cette église est un des plus précieux monuments

que nous ait laissés l'architecture romane ; elle fut
fondée par Saint-Philibert, premier abbé de Jumiè-
ges, et ne comptait pas moins de 128 clochers sei-
gneuriaux soumis avant la révolution à la crosse de
son abbesse. Je recommande surtout à votre attention le portail et la petite tour qui l'accompagne, le
gros clocher central, les arcades intérieures de la nef
et les deux croisillons, véritables chefs-d'œuvre.

On remarque surtout la grande nervure plate des
deux croisillons ou branches latérales. Tout le reste
de l'édifice date des XIV° et XVI° siècles. La petite
flèche en pierre qui couronne encore aujourd'hui la
tour romane du bas de l'église, la belle croisée qui
se trouve au-dessus de l'ancienne porte d'entrée, le
magnifique porche latéral dans lequel on a placé der-
nièrement un calvaire, sont de la même époque
(1508 et 1516). La petite tribune ou jubé, placée du
même côté, au bas de l'aile et à l'intérieur de
l'église, était entourée autrefois de feuillages sculptés avec une admirable délicatesse. La voûte de la
chapelle de la Vierge, commencée en 1622, fut terminée en 1624. L'autel de cette chapelle, béni en
1605 par l'évêque — *in partibus* — de Damas, le
tombeau de marbre du grand autel, quelques petits
tableaux dont un est peint sur marbre et agate, sont
les principaux objets d'art qui décorent aujourd'hui
l'église de Montivilliers.

Le 12 janvier (1260), Eudes Rigaut, archevêque de Rouen se rendit à l'abbaye de Montivilliers, réunit les religieuses en plein chapître et leur ordonna, au nom de l'église de Rouen, de déclarer combien elles étaient dans l'abbaye. On lui répondit qu'elles étaient cinquante-neuf ; mais que le nombre fixé était de soixante. Le pontife alors leur donna ses instructions. Il ordonna que les heures des offices fussent bien réglées, que tout fût fini de jour, afin que personne ne restât au chœur pendant la nuit. Il les reprit de chanter si promptement la grande messe et les complies. Il leur défendit de posséder rien en propre, et ordonna que les clefs de leurs coffres fussent remises à l'abbesse qui les visiterait. Comme toutes étaient habillées par la maison à la même époque, il leur prescrivit de rendre leurs vieux habits quand on leur en donnerait de neufs.

Relativement au service de la table, il voulut qu'elles mangeassent en commun ; il défendit d'avoir plusieurs plats à la cuisine : il voulut que le vin fût excellent et qu'on mît sur la table du poivre et du gingembre, selon l'ancienne coutume. Quant aux restes de pain, de vin et des autres mets, il voulut que tout cela fût donné aux pauvres, et non à des servantes ou à des gens de connaissances. Il prescrivit plus de soin pour l'infirmerie, plus de régularité dans les aumônes, que l'on faisait trois fois la semaine, pria l'abbesse de continuer chaque jour l'entretien de ses treize pauvres, et l'engagea à redoubler ses charités.

Il défendit sévèrement aux religieuses de devenir marraines dans les paroisses ; de garder des oiseaux dans leurs chambres ; de mettre des perles ou des écailles de poisson aux manches, au cou et à la bordure de leurs pelisses ; de porter des ceintures ornées de pierreries, ou d'avoir des couteaux d'un travail trop recherché, à manche d'argent et garnis de sculptures.

Il proscrivit par-dessus tout les chansons légères, les farces et les bouffonneries qui se faisaient dans le monastère aux fêtes de Saint-Etienne, de Saint-Jean et des Saints-Innocents. Enfin, il voulut que l'abbesse fût affable envers les religieuses et qu'elle les traitât avec douceur ; en un mot, qu'elle se conduisît comme une mère avec ses filles, et non comme une maîtresse avec ses servantes.

Après sa visite, Eudes Rigaud reçut 9 livres, 7 sous 2 deniers pour son droit de gîte.

Depuis l'époque de sa fondation jusqu'à celle de sa suppression, en 1793, l'abbaye de Montivilliers a compté quarante abbesses, dont aucun monument tumulaire ne rappelle la mémoire. Un seul fragment a échappé au naufrage : C'est un humble pavé du grand portail sur lequel on lit avec peine, tracés en caractères de la fin du XVIe siècle, ces mots : « Cy gist révérende Madame..... de la Platrière..... » voilà tout ce qui reste de ces quarante abbesses, qui, sorties du sang des princes, furent si fières de porter la crosse et la croix d'or des pontifes.

De temps immémorial, les abbesses de Montivilliers étaient dans l'usage de faire hommage d'un paon blanc au roi de France qui traversait la ville. L'empereur Napoléon est le dernier souverain qui reçut l'offrande de cet oiseau ; mais le vieux monastère n'ayant plus ni religieuses, ni abbesse, ce fut le maire qui le lui présenta.

L'autorité municipale vient de fonder à Montivilliers un de ces établissements dont nous voudrions voir dotées toutes les communes de France ; c'est une bibliothèque publique, peu nombreuse encore, comme toute collection qui commence ; mais elle conserve un assez curieux manuscrit : c'est un livre tenu par une des abbesses et qui donne jour par jour le nombre des visites reçues à l'abbaye et la qualité des visiteurs.

Encore un mot sur Montivilliers : c'est un chef-lieu de canton, dont la population, agricole, industrielle et rentière s'élève à 3,600 âmes.

Dans les belles vallées dont la ville est le centre, elle compte quelques fabriques, des minoteries et des tanneries ; à l'ouest et au nord, on retrouve, à demi-ruinées, les restes de ses anciennes fortifications, et une belle promenade plantée d'arbres que lui envierait plus d'une grande ville de France.

L'agriculture du canton de Montivilliers, et en
général de tout l'arrondissement du Havre, est portée
à un degré tel, qu'il est peu de contrées en France
qui puissent lui faire redouter la comparaison.

ORCHER.

—∽∽∞∞∽∽—

Si nous quittons Montivilliers en sortant par la
voie que nous avons prise pour y arriver, nous ne
tarderons pas à nous trouver de nouveau à l'entrée
de ce charmant vallon de Gournay dont nous allons
suivre pendant quelques minutes la route sinueuse et
ombragée par de beaux arbres, puis, nous jeterons un
coup d'œil d'admiration et de convoise sur la colline
verdoyante qui enserre au nord cette vallée arrosée par
les plus belles eaux qu'on puisse voir. Sur cette colline
s'étend le bois de Lescure, rendez-vous dans la saison
d'été de tous les promeneurs du Havre et des environs. Gournay est un hameau dont la chapelle porte

le nom de Notre-Dame-de-la-Consolation. Tout peu vaste que soit cette modeste église, on n'y compte pas moins, à la grande surprise du visiteur, d'une demi-douzaine de confessionnaux. Est-ce que les deux cents habitants seraient de grands pécheurs pour nécessiter un si grand nombre de tribunaux de la pénitence ? Non, certes, mais avant la révolution, l'église de la Consolation avait le privilège des cas réservés, et six prêtres suffisaient à peine à ce service extraordinaire. Gournay est arrosé par la fraîche et limpide rivière de St-Laurent qui prend sa source au sommet du vallon, au pied même de l'église de ce nom, et dans son cours fait la fortune d'un nombre considérable d'usines.

Un chemin que traverse la voie ferrée du Havre à Rouen, serpente sur le vallon de l'est et conduit à Orcher, but de notre promenade. Sur un plateau, à quelques pas de la route nationale, se dresse devant nous l'ancien château, aujourd'hui la ferme de Bain-villiers, appartenant à la famille de Mortemart. C'est un bijou architectonique de la renaissance. Ses délicates sculptures n'ont souffert encore ni des ravages du temps, ni de la main des hommes, ni de son changement de destination, car ce fut dans ce château que coucha Henry IV lorsqu'il vint au Havre ; dans ses caveaux reposent les cendres de Basnage de Beauval et d'un homme de lettres moins connu.

Enfin, nous voici sur les terres d'Orcher. Une

magnifique terrasse qui longe la rive droite de la
Seine, et d'où la vue embrasse presque simultanément l'embouchure du fleuve, le Havre, Honfleur,
Harfleur et les côteaux de la rive gauche jusqu'à la
pointe de la Roque, offre aux promeneurs un des
plus beaux panoramas de la Normandie ; un parc
bien planté et entretenu avec soin la protège contre
les ardeurs du soleil. Cette terrasse se termine à
l'orient par un château, remarquable seulement par
sa position, et qui appartient également à la maison
de Mortemart.

Au pied du château se dessine un petit chemin
ombreux au milieu d'un taillis semé des plus belles
fleurs agrestes qu'on puisse voir : ce sont des orchi-
dées en telle profusion, qu'un amateur en a récolté
plus de 1,200 en quelques jours. Orcher et son en-
tourage sont les délices des botanistes de tous les
pays. Au bas du taillis, la vue se repose sur le vert
tapis d'un petit vallon qui s'ouvre sur la Seine. La
Suisse n'a rien de supérieur au spectacle que nous
avons en ce moment sous les yeux ; il ne manque au
tableau que la grandeur du cadre,

Immédiatement au-dessous du château, à vingt
mètres environ au-dessus du niveau de la mer, coule
jusque sur le rivage une fontaine dont les eaux in-
crustent de leurs sédiments calcaires les objets qui
se trouvent en contact avec elles. C'est « la fontaine
pétrifiante. » En suivant vers l'ouest le chemin dif-

ficile qui longe la Seine et que surplombent les
abruptes falaises dont d'énormes blocs se détachent
par l'action du temps, on arrive en moins d'un quart-
d'heure à l'entrée d'un autre vallon tapissé d'un gazon
mousse à l'extrémité duquel sont implantées çà et là
les habitations qui forment le village de Gonfreville-
l'Orcher : au milieu se dessine l'église paroissiale,
digne, par sa construction et quelques objets d'art
qu'elle conserve, d'attirer l'attention du promeneur,
et de la fixer d'abord sur le portail, type précieux
dont la voussure formée de deux rangs de zig-zags,
voit une jolie bandelette régner au-dessus d'elle, puis
à l'intérieur, sur une statue de la Vierge, des fonts
baptismaux du XVIe siècle et les noces de Cana,
heureuse réminiscence du tableau conservé au Louvre.

LES BAINS DE MER.

L'air de la mer a souvent autant d'influence sur la santé que l'immersion même dans ses eaux.

Il active puissamment la grande circulation, a dit le docteur Auber.

Il donne au sang une couleur écarlate et à toutes les humeurs une chaleur bienfaisante.

Il imprime aux forces locomotrices plus de vigueur et de ton.

Le système gastrique en reçoit une impression profonde ; la digestion se fait mieux et plus vîte, l'appétit se réveille chez ceux qui l'avaient perdu.

Il accélère la transpiration et provoque des crises

radicales que les plus habiles médecins avaient en vain demandées aux sudorifiques de la pharmacie.

Il est salutaire aux affections pituiteuses, aux personnes affaiblies par les travaux excessifs, par les veilles prolongées.

Il opère des effets qui tiennent du prodige, dans la goutte vague ou rhumatisme errant. Protée bizarre qui fait à la fois le tourment de ceux qu'il frappe et le désespoir de ceux qui le traitent.

L'anorexie, la dyspepsie, l'hypocondrie et même la phthisie, à un certain degré, cèdent souvent, comme par enchantement, soit à des promenades sur mer, soit à des voyages de long-cours.

Les bains de mer conviennent :

Dans les affections nerveuses en général, et particulièrement dans celles de l'estomac, des intestins.

Ils conviennent aux natures faibles, délicates : aux femmes, aux vieillards, aux enfants, aux constitutions débiles.

Ils font souvent merveille dans les affections morbides de la sensibilité et du mouvement, dans les paralysies et les grandes défaillances qu'on appelle l'envie, l'ambition et l'ennui... l'ennui, ce poison de la vie, qui a fourni au docteur Brière de Boismont le sujet d'un travail aussi médical que littéraire et philosophique.

Les bains de mer sont contraires :

Aux premières époques de la grossesse, après l'accouchement et pendant l'allaitement.

Aux sujets atteints d'anévrisme ou d'hypertrophie du cœur.

Aux natures pléthoriques et ardentes exposées aux tugercences d'humeur ou de sang.

Aux personnes affectées de maladies inflammatoires aiguës et d'obstructions chroniques du foie.

Aux asthmatiques, aux hémoptysiques, aux personnes sujettes aux congestions du cerveau ou du cœur, aux étourdissements, aux vertiges.

Mais, hâtons-nous de le dire, si les bains de mer sont préjudiciables à certaines natures, s'ils sont trop forts ou trop actifs pour quelques constitutions, ceux-là même qui pourraient redouter leurs effets trouveront sur le littoral et dans l'atmosphère de la mer de puissantes ressources hygiéniques qui s'élèvent quelquefois jusqu'à une véritable médication.

FRASCATI.

—◦◈◦—

A droite de la jetée du nord-ouest sur la plage caillouteuse de l'Océan se groupe un massif de bâtiments dont la construction légère semble en opposi-
tion avec les rudes et fréquentes tempêtes qui fouet-
tent le rivage : c'est Frascati. Il y a moins de vingt
ans la place qu'il occupe était nue, triste et déserte :
il prit alors fantaisie au colonel Delamare, directeur du génie, au Havre, d'édifier sur ce point une
maison de bains d'assez modeste apparence ; quelques
années s'écoulèrent et la maison devint hôtel, palais
même, grâce à d'intelligentes adjonctions à l'édifice
primitif. Un beau jardin fut planté au centre du
groupe, d'élégantes galeries s'élevèrent en regard de

la mer, un ameublement somptueux décora les appartements, et Frascati se fit palais, car il logea et hébergea une reine, un roi (ci-devant), des princes de sang royal et une infinité de ducs, comtes, marquis, barons, venus de Russie, d'Angleterre, d'Allemagne et d'Amérique pour y jouir, dans la belle saison, du doux *far niente* et se guérir de l'ennui des grandeurs ou de l'oisiveté, en se baignant dans les eaux qui bruissent devant le très confortable établissement. Frascati a conquis la vogue dans la haute aristocratie titrée ou financière, et cette vogue il a su la conserver par l'excellence de sa tenue et l'ordre admirable qui préside à son double service d'hôtel et de maison de bains. Les bals, les concerts, les soirées musicales, tout ce qui contribue à la distraction élégante et aux plaisirs fashionables font de Frascati, quatre mois de l'année, un séjour délicieux et qui n'a guère de rival en France.

Mais il fallait à la classe moins opulente des amateurs de bains de mer d'autres établissements plus en rapport avec leur fortune ; ce besoin a été compris, et toute satisfaction leur est donnée par des installations de cabanes plus ou moins élégantes qui diaprent les contours de cette anse maritime dont l'une des extrémités se termine sous le village même de Ste-Adresse, caché au milieu de son vallon abrité par la Hève.

SAINTE-ADRESSE.

Voilà une sainte dont vainement on chercherait le nom dans la légende sacrée : c'est comme on le dit encore dans le pays une sainte de la fabrique des marins. Ce joli village s'appelait autrefois St-Denis, surnommé chef de Caux en raison de sa situation géographique. Son église s'avançait jadis au-delà du cap de la Hève, sur une pointe de terre que la mer a *mangée*, c'est encore un mot du pays. Un vieux dicton qui signifie à peu près : *Aide-toi et le ciel t'aidera* était répété par tous les marins dont les navires doublaient cette pointe dangereuse ; ils invoquaient alors non-seulement Saint-Denis, le patron de la paroisse immergée, mais encore Sainte-Adresse, parce que l'adresse dans la manœuvre leur semblait au moins aussi nécessaire que le secours du saint de bon aloi pour les aider à franchir cette passe si périlleuse. Sainte-Adresse a donc prévalu et pour s'abriter contre de nouvelles colères de l'Océan, le nouveau village s'est enfermé dans cette vallée.

Il y a trouvé des eaux limpides qui serpentent à travers ses jardins dont la végétation, préservée du fâcheux contact des vents d'ouest, y conserve, malgré la fréquence des tempêtes, un luxe et une fraîcheur qui en rendent le séjour très agréable. Mais depuis quelques années, le village a perdu en partie l'aspect agreste qui en faisait le charme : la brique et la pierre envahissent tout ; chaque habitant de la ville, amateur de maisons de campagne, et possédé du démon de la propriété, a dit Casimir Delavigne, est venu planter sa tente, ou mieux, son pavillon dans cette Tempé délicieuse : puis se sont élevés les hôtels, les salles de danse, les guinguettes, et pour peu que cela dure, on n'y verra bientôt plus d'arbres qu'à travers les grilles : le moëllon gâte et desharmonise tout.

Au fond de la vallée se trouvent les ruines du manoir de Vitanval, où résida trois jours Charles IX, avec sa mère et sa cour, pendant la durée du siège du Havre. Les Anglais affectionnaient jadis la résidence de Ste-Adresse. La mort y surprit en 1823, M. Dallas, célèbre par ses relations et sa correspondance avec lord Byron. L'amiral Napier y a fait un long séjour avant de reprendre le commandement des flottes britaniques.

Dans la belle saison, des familles riches viennent habiter Ste-Adresse et c'est au chef de l'une d'elles que nous devons cette poétique exclamation.

> Je vous revois, bords enchantés
> Et vous frais vallons qu'à chantés
> L'aimable auteur de *Virginie*.

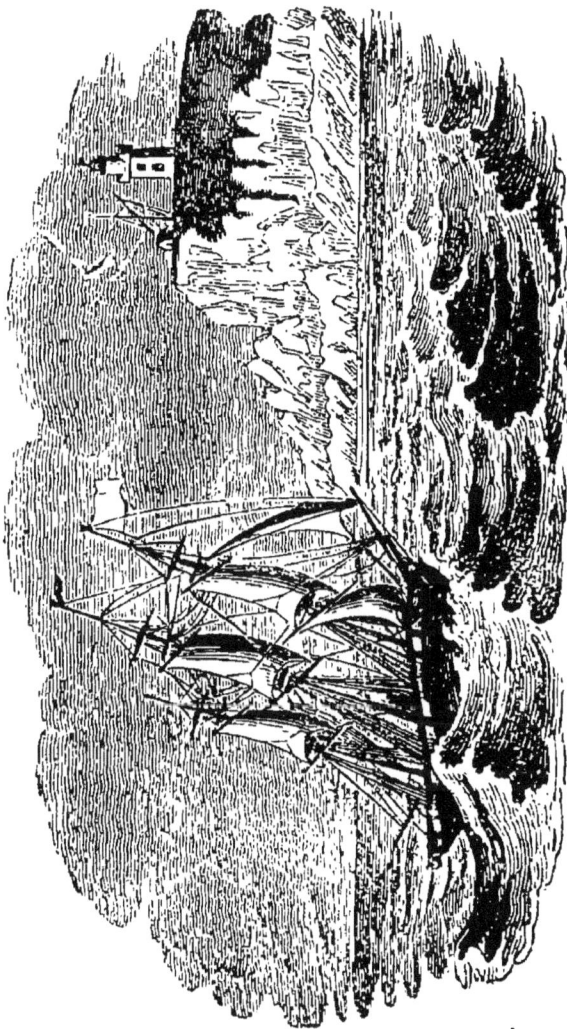

LES PHARES. — LA HÈVE.

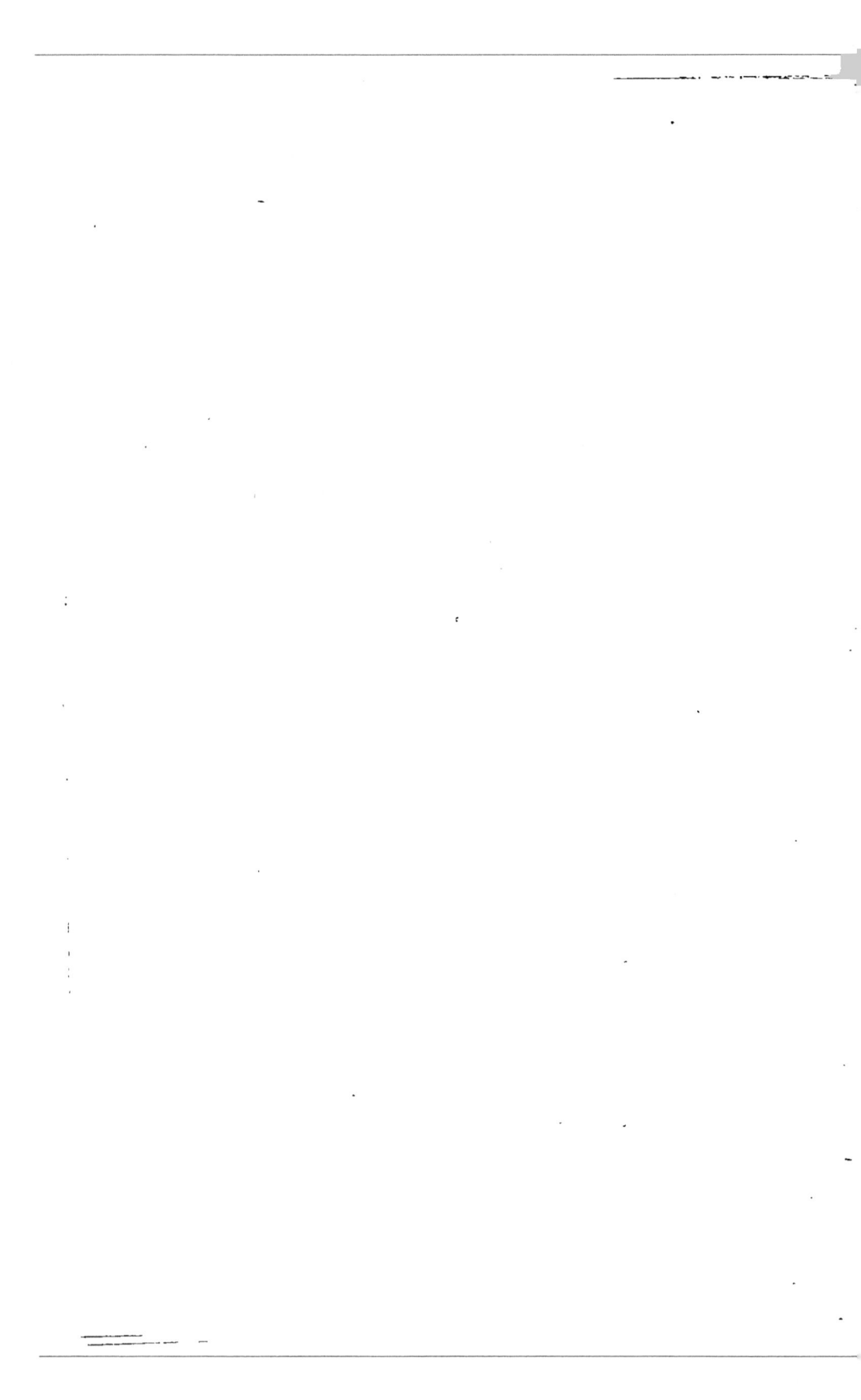

LES PHARES. — LA HÈVE.

Un petit chemin, ombragé et carossable, s'ouvre sur la côte occidentale, à la presque extrémité du vallon de Ste-Adresse, et conduit au sommet du cap de la Hève où surgissent deux phares jumeaux, allumés pour la première fois le 1er novembre 1775.

Ce sont deux tours quadrangulaires élevées de 150 mètres au-dessus du niveau de la mer, et distancées l'une de l'autre de 62 mètres. Un escalier de cent deux marches conduit à la plate-forme, surmontée d'une grande lanterne vitrée sur toutes les faces et élevée de plus de sept mètres.

Différens systèmes d'éclairage ont été successivement essayés pour projeter au loin la lumière. On a

9

d'abord brûlé du charbon de terre , mais ce n'était pas un phare c'était une forge. La fumée déposait sur le vitrage une croûte si épaisse qu'il fallait être presque sous le phare pour l'apercevoir : c'était la lumière de l'évangile sous le boisseau de la femme juive. Enfin, en 1845, les anciens appareils d'éclairage (on avait, après la houille, adopté l'huile), ont été remplacés par des appareils lenticulaires ou d'optique. Aujourd'hui, les deux phares, remplissant convenablement leur destination, projettent abondamment leurs feux protecteurs à plus de 20 milles en mer.

Ils correspondent avec les phares de Barfleur et de l'Ailly : ce dernier est à huit kilomètres dans l'ouest de Dieppe. Lorsque le ciel est pur, on découvre de la Hève la pointe de Barfleur, quoiqu'elle soit à 80 kilomètres sud-ouest du Havre. Ce fut de cette pointe que débarqua Edouard III, roi d'Angleterre, lors de son expédition en Normandie. Henri 1er , troisième et dernier fils de Guillaume-le-Conquérant, y mit pied à terre le 20 mars 1106 : il venait dépouiller Robert, son frère, du duché de Normandie dont il était souverain légitime. Le sort des armes servit la cause de l'usurpateur.

Au sud, et en deçà de Barfleur, on découvre Dives où se réunit, pour la descente en Angleterre, la flotte de Guillaume-le Conquérant , et l'embouchure de l'Orne qui baigne les murs de Caen. C'est près du

— 131 —

lieu où coule cette rivière que le roi Jacques vit s'engloutir, avec notre marine, tout l'espoir qu'il avait conçu de remonter sur le trône d'Angleterre. La Hougue sera longtemps et tristement célèbre dans l'histoire de nos défections navales.

Au nord, le cap Antifer et les falaises rocheuses d'Etretat.

La Hève est une mine inépuisable, un gisement prodigieux d'animaux que le temps et d'autres circonstances ont réduits à l'état de fossiles. C'était le but continuel des explorations de Charles Lesueur, qui a fait à plusieurs reprises ces fouilles si heureuses pour le géologue et le naturaliste, et qui a enrichi et peuplé le Muséum de Paris de ses admirables découvertes. Lesueur est pour ainsi dire mort à la peine : sa dépouille mortelle repose près du Cap, objet de ses prédilections scientifiques ; un monument s'élève sur sa poussière dans le cimetière de Ste-Adresse.

Au pied de la Hève surgit une fontaine d'eau minérale ferrugineuse qui, à chaque marée, mêle ses eaux à celle de la mer.

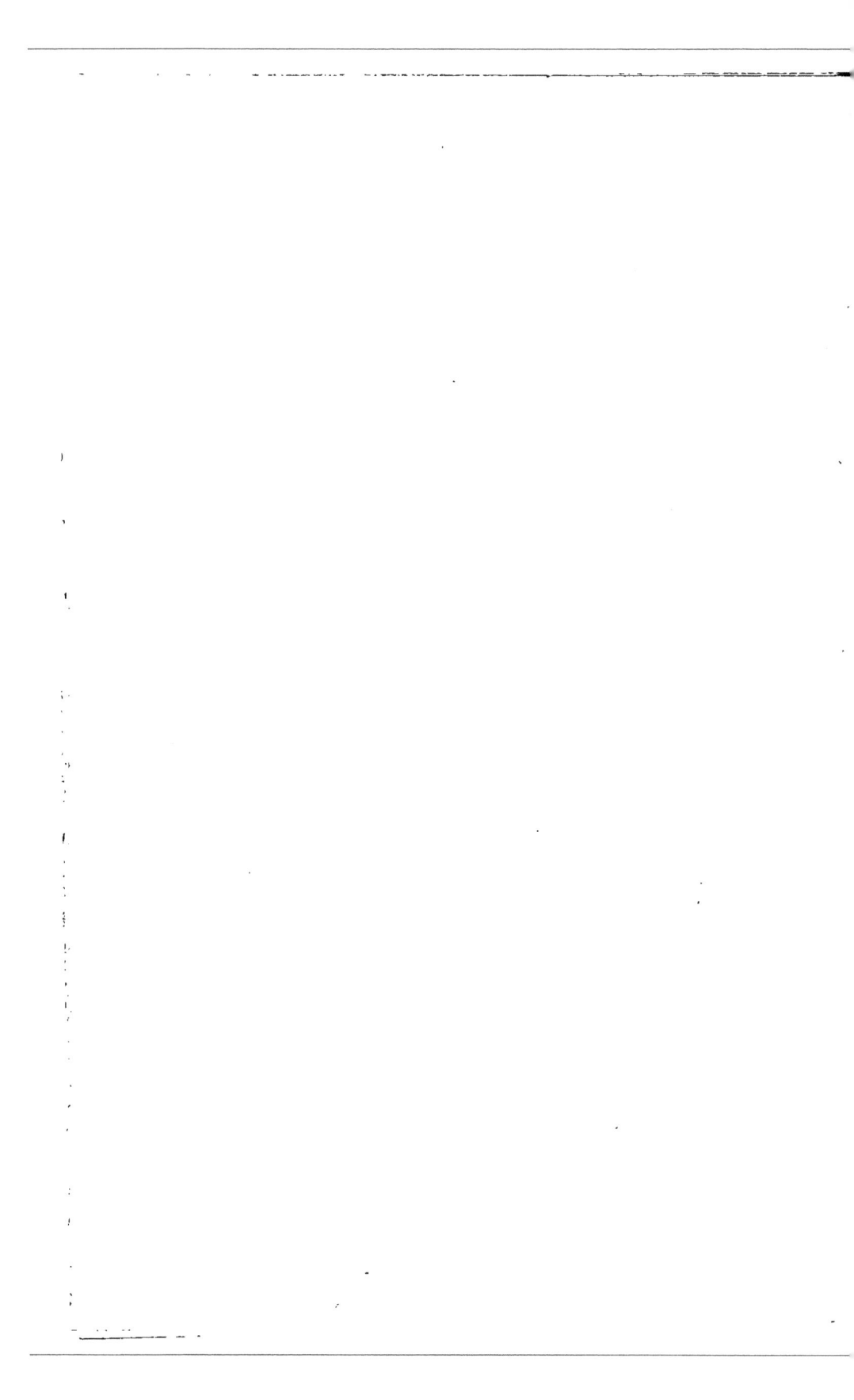

LA COTE D'INGOUVILLE

PANORAMA

Du Havre et de la Banlieue

———◁◇◇◇◇◇▷———

Si du village de Ste-Adresse nous gravissons le sommet des côteaux dans la direction de l'est, nous voyons à nos pieds un aqueduc conduisant les eaux de cette commune jusqu'au Havre, dont elles alimentent deux quartiers ; non loin de là un enclos fermé de murailles que surmontent les tiges sombres de quelques arbres funéraires ; c'est le cimetière des protestants. Là repose la fille de Talma, enlevée à l'âge de 4 ans (le 5 mars 1826) à la tendresse paternelle. — Le vent du nord la tuera ! disait tristement le grand tragédien avant de faire en scène son entrée dans Hamlet. — Et le vent du nord l'a tuée. Talma perdit la nuit suivante l'enfant qu'il affectionnait le plus, parce que c'était l'enfant de sa vieillesse : elle expira baignée de ses larmes. Il déposa sur sa tombe la couronne d'immortelles qu'il avait reçue au théâtre la veille de son départ..... puis, quelques mois après, alors qu'il se proposait de venir jeter de nouvelles fleurs sur le marbre qui couvrait la dépouille mortelle de sa fille chérie, la mort impitoyable l'arrêtait lui-même en chemin.

Tristes et navrants souvenirs... Mais voilà Sanvic avec ses riantes maisons de campagne, ses beaux jardins et ses grands arbres au milieu desquels surgit la pointe grisâtre de son clocher. La petite église romane qu'il surmonte est bien digne de quelque attention. Sanvic fut, à une époque loin de nous déjà, la dernière retraite des prédicateurs de la religion réformée ; mais son prêche fut démoli et les ruines s'en retrouvent encore dans la cour d'une ferme du voisinage.

Continuons notre pittoresque ascension sur la côte d'Ingouville. Quelques pas encore et nous touchons au bon point de vue. Là, voyez sous ces grands ormes qui vont nous abriter un instant C'est Ingouville.

Il est impossible, dit Léon Bucquet, dans la *Normandie poétique*, — de rien imaginer de plus brillant, de plus grandiose, de plus splendide, de plus complet comme coup d'œil, que le spectacle de cette autre ville qui paraît jaillir des flancs du côteau, toute couronnée de fleurs et de verdure, et qui mire dans les eaux de la mer les corniches de ses palais et les cimes de ses arbres. Si vous passez au pied de cette côte, le tableau qu'elle vous offrira, vous ne l'aurez vu nulle part. Voyageur anglais, habitant cosmopolite de tous les mondes, ou touriste parisien échappé pour huit jours aux beautés monotones des Tuileries, aux ombrages problématiques du bois de Boulogne, aux trompeuses somptuosités des galeries de Versailles, vous resterez en extase devant cette merveille, combinaison de ville et de campagne, qui, bien plus encore que ces — squares — fleuris, égayant et embaumant les villes de la Grande-Bretagne, unissent à l'élégance, à la pompe, à l'éclat des cités, la fraîcheur des champs, le parfum des jardins et l'ombrage salutaire des charmilles et des grands arbres !

Ici c'est un palais, modèle de grâce et de bon goût, qui élève majestueusement son toît à l'italienne ou sa gracieuse coupole au-dessus du feuillage de ces terrasses, et qui semble regarder avec un dédain superbe la ville devenue tributaire de toutes ces riches maisons de campagne, la ville qui garde dans ses magasins et dans ses entrepôts toutes les fortunes de la — villa ; — plus loin, c'est un modeste pavil-

lon, petite maison blanche, aux contrevents verts,
doux rêve de Jean-Jacques, égarée dans ce magnifique labyrinthe, et qui cache sous sa tuile quelque
spéculation demeurée en chemin, quelque fortune
avortée ou bien qui forme à un marin, fatigué de la
mer, à une famille anglaise émigrée, une heureuse et
paisible retraite. Du sommet de la côte d'Ingouville,
le spectacle est accidenté par tout ce qui fait les
beaux paysages et les tableaux grandioses.

D'un seul côté, du côté où s'ouvre la rade du
Havre, sous les falaises blanches de la Hève, l'œil ne
s'arrête à rien, et la mer se marie à un horizon sans
bornes ; quelques navires entrent dans la rade et
glissent majestueusement sur cette mer ; au delà,
les rochers du Calvados hérissent la côte de la Basse-
Normandie, et quand le ciel est pur, on distingue
presque l'espèce de végétation qui tapisse les flancs
de ces belles montagnes, et qui descend en compartiments réguliers, du faîte à la base, diaprant le sol
des nuances les plus variées. La côte du Calvados
s'arrondit doucement jusqu'à la côte de Grâce, au
pied de laquelle Honfleur abrite son port modeste ;
devant Honfleur et surtout dans le bras de mer qui
se trouve entre les roches de la Hève et les montagnes de la Basse-Normandie, une foule de navires
qui se dirigent vers la Seine ou qui la descendent,
passent incessamment en jetant sur les flots, les uns,
pauvres bateaux de pêche, l'ombre étroite de leur

voile triangulaire ; les autres , élégants steamers, l'ombre démesurée du nuage vaporeux qui s'échappe de leur tuyau de fer. Les rochers gigantesques qui bordent la Seine à son embouchure apparaissent au loin comme les tours crénelées d'un château féodal qui tombe en ruines et bordent de leurs masses, bizarrement découpées, l'immense paysage qui se déroule sous les yeux du voyageur. Plus bas et plus près, les plaines de l'Eure et de Graville.

Vous venez d'entendre le poète chaleureux, écoutez à présent le froid statisticien : à notre droite, voyez cet édifice inachevé encore qui déjà surpasse en hauteur toutes les maisons qui l'avoisinent : c'est une église romane (imitation) commencée il y a trois ans, *omnium liberalite erecta*, érigée par souscription et déjà consacrée au culte, quoiqu'elle ne montre encore que sa nef et ses bas côtés. Presqu'à nos pieds le clocher ardoisé de la vieille église de St-Michel, première paroisse d'Ingouville, aujourd'hui simple chapelle dédiée à la Vierge, qui a détrôné l'archange, tandis que l'église paroissiale a pris possession de l'église des Pénitens, située au bas de la côte, édifice sans caractère et gâté encore par des ralonges successives, nécessitées par l'accroissement de la population.

Au delà des Pénitents, l'œil, après avoir franchi les fortifications, plonge sur cette belle et vaste **rue de Paris**, si pleine de luxe et d'animation, si resplendissante, le soir, éclairée presque à giorno par ses deux longues rangées de candélabres à gaz.

Mais portons nos regards vers l'Orient : c'est encore une large et magnifique voie de circulation ouverte au centre de la partie de la plaine d'Ingouville, ce qu'on appelle la Grande-Rue,— la plaine, — la route nationale et qui se soude sans solution de continuité avec la rue de Normandie, de l'ex-commune de Graville, trois cités sœurs qui se confondent aujourd'hui administrativement en une seule et font du Havre aggloméré une ville de plus de 60 mille âmes.

Presqu'aux limites d'Ingouville et de Graville, les constructions, jardins et dépendances de l'hospice du Havre. Le roi Henri II avait fondé dans la ville de François 1er un hôpital qui, démoli en 1669, céda son emplacement à l'arsenal de la marine.

L'hôpital fut transféré sur des terrains concédés gratuitement par une famille charitable. Il réunit toutes les conditions exigibles. — Les malades, les vieillards, les enfants trouvés, sont reçus dans cette maison, richement dotée, et desservie par des dames hospitalières.

Un peu plus loin, dans la direction du sud-est, la vue plane sur Graville, commune de 700 âmes il y a vingt ans ; aujourd'hui, peuplé de 12,000 habitants. Ici se sont fixés, ainsi que déjà nous l'avons dit, les grands établissements industriels et maritimes nécessités par le voisinage et l'importance du Havre. Une longue promenade plantée d'arbres et désignée sous le nom de cours Napoléon, ouvre du nord au sud une large voie de communication avec deux des principales portes d'entrée du Havre : la porte Neuve, ornée de trophées en sculpture, d'un beau travail, et la porte Marie-Thérèse, plus récemment ouverte à la circulation. A l'est du cours, les vastes dépendances du chemin de fer du Havre à Paris, son immense débarcadère, sa gare, ses magasins, ses ateliers qui, tous ensemble, couvrent une énorme partie du territoire de l'ex-commune.

Plus rapprochée de nous, une moderne et colossale construction. La caserne des Douanes, peuplée de 1,500 personnes, préposés et familles de préposés de cette administration. Là, se trouvent réunis sous le même toit, les ménages, les dortoirs, les ouvroirs, les écoles de jeunes filles et de jeunes garçons, les salles d'asile, etc. C'est un établissement modèle édifice sur les plans de M. Brunet Debaines, architecte du Musée, de l'entrepôt des tabacs. La caserne, véritable cité ouvrière, mérite une visite toute spéciale.

Sur le côté opposé, la nouvelle église de Ste-Marie, bâtie pour un village et insuffisante aujourd'hui à la population religieuse d'une ville.

Au-delà du bassin et du Canal Vauban s'étend la plaine de l'Eure dont le côté sud est plus que baigné par les eaux de la mer. C'était autrefois une commune à part. L'Eure a son église, une des plus anciennes des environs, en partie détruite par les Anglais, maîtres du Havre sous Charles IX.

A la pointe-sud est, le Hoc avec son lazaret où les bâtimens suspects vont, au retour de leurs voyages, subir leur quarantaine.

Du Hoc nous arrivons, en longeant le rivage à l'ouest, à la chapelle des Neiges, aux ruines de l'ancien port de l'Eure. On peut juger de l'étendue de terrain qu'occupait ce port par celle que couvrent ces ruines ; Philippe-de-Valois y arma 32 vaisseaux.

L'Eure avait son château fortifié qui protégait le port, les sables ont tout envahi et l'herbe a tout recouvert. Ainsi passent les œuvres des hommes !

Principaux Hôtels.

De l'Aigle d'Or, Mme Lelièvre , rue de Paris, 52

D'Albion, M. Creeds, rue de la Gaffe, 10.

De l'Amirauté, M. Ruffier, Grand-Quai, 41.

D'Angleterre, Mme Ve Guerbe, rue de Paris, 126.

Des Armes de la Ville, Mme Ve Bazire, rue d'Estimauville, 24.

De Bordeaux, M. Bert, rue de la Gaffe, 16.

De la Bourse, Mme Ve Capron , rues Caroline et Molière.

Du Bras d'Or, Mlle Quesnel, Grande-Rue, 43.

D'Espagne, M. Lahousse, rue de Paris, 8.

De l'Europe, M. de Virgile, rue de Paris 121.

De France, M. Brunel, Grand-Quai, 15.

Frascati, M. Brédard, au Perrey.

De l'Helvétie, M. Dinger-Marti, Quai de L'île, 3.

Des Indes, M. Besonguet, Grand-Quai, 65.

De Londres, Mme Ve Hevolet, Grand-Quai, 81

De la Marine, M. Lamy, Quai Notre-Dame, 5.

De Normandie, M. Cherfils, rue de Paris, I06.

De la Paix, M. Coûdre, Quai Notre-Dame, 21.

De Paris, M. Marcou, Grand-Quai, 75.

De Rouen, M. Prévost, rue de Paris 81.

De Suisse, M.François-Merki, Quai des Casernes,2

De Wheeler, M. Aithen James , Quai Notre-Dame, 17-19.

Restaurants.

MM. **H. Boissier,** *au Chevet Havrais*, rue de Paris, 25, et d'Estimauville, 20.

Capron (V^e), rues Caroline, 20, et Molière.

Guichard, Place Louis XVI, 17.

Joly, rue de Paris, 22.

Lamy (neveu), rue Royale, 15.

Legrip, Elysée de Tourneville, rue de Normandie, 128.

Lelièvre, parc aux huîtres, rue de l'Eglise.

Prevost-Lucien, rues d'Estimauville, 22 et de Paris 29.

Ruffin, à la descente des Phares.

Télégraphie Electrique.

Boulevard d'Ingouville, 20.

Chemin de Fer.

Le Chemin de Fer du Havre à Rouen et à Dieppe a deux services; service d'Hiver, service d'Été, réglés suivant la saison: — L'Été il organise des trains de plaisir à prix réduits.

Paquebots à Vapeur.

Havre et ***New-York*** (Directement), par les Steamers *Franklin* et *Humboldt,* un et deux départs par mois.

Par voie de ***Southampton:***

Par *Washington* et *Hermann,* un et souvent deux départs par mois.

Havre et ***Liverpool,*** par 2 steamers.

Havre et ***Hambourg.*** — Départ 2 fois par mois.

Havre et ***Rotterdam.*** — Départ tous les 5 jours.

Havre, Portsmouth et ***Southampton.*** Départ tous les jours, dimanches exceptés.

Havre et ***Cherbourg.*** — Tous les dimanches.

Havre et ***Morlaix,*** six départs chaque mois.

Du 1er Avril au 1er Décembre, ***Havre, Trouville, Honfleur,*** par le *Castor* et le *Chamois,* 2 départs par jour. — idem. — Cie Vieillard. — 2 départs chaque jour.

Havre et ***Caen.*** — Départs tous les jours.

Bureau de Poste

Bureau central de la Poste aux lettres, place Louis XVI.

Voitures Publiques.

Omnibus du **Havre** à **Graville.**— Départs tous les quart-d'heure. — Pour **Ste-Adresse.**— **Etretat.**— **Sanvic** et **Octeville.**— Départs plusieurs fois par jour, stations, place Louis XVI.

Diligences publiques. **Dieppe.**— **St-Valery.** — **Cany.**— **Fécamp.**— **Messageries Nationales,** rue de Paris 108. — **Bolbec.**— **Lillebonne.**— **St-Romain.**— **Montivilliers,** rue de Paris 96.

Harfleur.— Départs toutes les heures, Arcades Nord.— Place Louis XVI.

PROMENADES MARITIMES

ET PITTORESQUES

HONFLEUR

Le plaisir d'un petit voyage sur mer ou à peu près, l'espoir de mille points de vue délicieux dans une traversée de quarante minutes sur un bateau à vapeur éprouvé, élégant et commode, l'attrait si piquant de la nouveauté, des contrastes, des comparaisons, tout contribue à expliquer l'empressement des touristes à visiter Honfleur : c'est presque pour eux une obligation d'amour-propre dont ils s'affranchissent difficilement.

Si cette ancienne ville, dont l'origine est inconnue, n'offre à la curiosité aucun monument digne de remarque, on ne peut refuser à ses environs les plus rapprochés un tribut de légitime admiration. Honfleur n'est plus rien depuis que le Havre est quelque chose, écrivions-nous il y a quelque dix ans. Cependant, de grands travaux maritimes ont été récemment entrepris pour améliorer son port et le rendre plus aisément accessible aux navires ; on y a creusé des bassins, construit une belle jetée qui s'avance au loin dans la mer ; mais ce port est en lutte continuelle avec un ennemi qui triomphe de tous les efforts de l'art. Cet ennemi, c'est la vase qui, détachée des rivages de la Seine supérieure, encombre et obstrue, presque à chaque grande marée, son chenal et oppose ainsi des difficultés incessantes à la návigation.

Evelyn écrivait, en 1644 : « Honfleur est une pauvre ville de pêcheurs qui n'est guère remarquable que par les vêtemens bizarres, mais utiles, que portent les bonnes femmes. Ces vêtements sont de peaux d'ours ou d'autres animaux, comme ils ont de mauvais haillons sur toute la côte. » Depuis deux cents ans la mode des peaux d'ours a passé. Aujourd'hui les femmes d'Honfleur, et il y en a de fort jolies, se vêtissent comme tout le monde, et la ville, dont le commerce et la population ont progressé depuis cette époque, perd chaque jour aussi, grâce à de nouvelles constructions, un peu de cette physionomie caduque qui l'avait montrée si laide aux yeux d'Evelyn.

Un cours magnifique, formé de très beaux arbres , fait à cette ville une très belle entrée au sud, par la route nationale de Caen.

Honfleur peut revendiquer quelques restes de vieilles murailles, jadis patriotiquement défendues contre les Anglais, de belles pages dans l'histoire de Normandie et, il faut aussi le dire, son opiniâtre résistance à se soumettre à Henri IV. Honfleur, sous le règne de Charles VII, resta dix ans au pouvoir de l'Angleterre. Le fameux Dunois sut, par sa valeur, soustraire enfin cette ville à ce joug humiliant. Au temps de la Ligue, sous le commandement du capitaine de Goyon, Honfleur essuya 2,700 coups de canon et vit s'abîmer ses fortifications qui ne furent jamais relevées. On conserve dans ses archives un curieux manuscrit intitulé : ABRÉGÉ DES AFFLICTIONS qui sont arrivées dans la ville et faubourgs en l'année 1562, sous le règne de Charles IX, roi de France, et de tout ce qui s'est passé jusqu'en 1598 que la paix eut lieu par le royaume. Voilà quelques mots de son histoire ancienne.

Des manufactures de produits chimiques, une raffinerie de sucre, des tanneries, bon nombre encore de femmes occupées à faire de la dentelle, connue sous le nom de point d'Argentan, ou des blondes dont la mode a ramené l'usage, d'habiles constructeurs de navires marchands, un commerce assez étendu avec la Suède et la Norwège pour les bois du Nord ; avec l'Angleterre, qui échange volontiers ses houilles contre des œufs, des volailles, des pommes de terre ; une EXPORTATION journalière et considérable des produits agricoles du fertile pays d'Auge, la basse-cour du Havre et de ses environs : tel est, en quelques mots, l'abrégé de son industrie et de ses rapports commerciaux, ajoutons-y la pêche, excepté celle du hareng, qui a disparu de ses rivages au grand regret de sa population dont elle faisait autrefois la richesse.

Honfleur a donné de tout temps des officiers de

mérite à la marine française; cette ville fournit chaque
jour d'excellents et braves marins au commerce. Ses
habitants sont laborieux, amis de l'ordre, francs et
hospitaliers.

Honfleur est un chef-lieu de canton du département
du Calvados; il possède une justice de paix, un
tribunal de commerce, un sous-commissariat de la
marine, une direction des contributions indirectes
une inspection et une recette principale des douanes,
un ingénieur maritime, deux imprimeries, deux
notaires et une bibliothèque publique, fondée il y a
quelques années, et qui s'accroît dans une assez forte
proportion. C'est un bienfait et un moyen de morali-
sation. Honfleur a, de plus, un hôpital situé sur le
bord de la mer, deux paroisses, l'une, qui porte le
nom de St-Léonard, est située à l'extrémité orientale de la ville; l'autre, Ste-Catherine, à l'extrémité
opposée. Cette église se fait remarquer moins par sa
construction que par deux tableaux de maîtres qui
lui furent donnés par un ancien commissaire de
marine baptisé à Ste-Catherine. L'un est un PORTE-
MENT DE CROIX, d'Erasme Quellin, né à Anvers,
élève de Rubens; le second, JÉSUS AU JARDIN DES
OLIVES, est de Jordaens, également anversois et
qui eut pour premier maître Adam Van-Oort.

« En 1778, dit un historien d'Honfleur, Grétry
vint dans cette ville pour y rétablir sa santé délabrée.

Il s'y occupa de composition musicale, mais ce
n'était pas tout de composer, il lui fallait un copiste.

Grétry ne pouvait écrire sans éprouver une hémor-
ragie dangereuse. Après maintes recherches vaines,
on lui indiqua l'organiste de sa paroisse. Cet organiste c'était Panseron, qui, depuis, fut chargé, à
Paris, de l'orgue de Notre-Dame-de-Lorette. Le
maître et le copiste se lièrent d'une amitié inaltérable.

En 1834, le fils de l'organiste, Auguste Panseron,
excellent compositeur lui-même, vint rendre visite à
la ville dans laquelle cette amitié s'était formée,
où deux opéras de Grétry avaient été composés,
l'AMANT JALOUX et les EVÉNEMENS IMPRÉVUS.
C'était pour lui un devoir de piété envers ceux, dont
l'un était son père et dont l'autre avait été son
maître. »

Mais, laissons la ville avec ses vieux édifices et
ses glorieux souvenirs historiques, et gravissons sur
un cap qui l'abrite, à l'ouest, et qui est élevé de cent
mètres au-dessus du niveau de la mer : le chemin
qui y mène est, comme celui de la fable, montant,
caillouteux, malaisé, difficile, et pourtant voyez ce
que peuvent la foi et la fermeté des croyances religieuses : à maintes reprises nous avons vu de pauvres femmes, de robustes marins, les uns le monter
les pieds nus, les autres sur les genoux, saignans et
déchirés par les aspérités des cailloux ; c'est qu'au
bout de ce chemin se trouve Notre-Dame-de-Grâce,
et, selon l'expression du poète :

La mer bouillonne et gronde autour de la chapelle,
Vierge de grâce et de bonté ;

Le marin en péril te supplie et t'appelle
Pour fléchir un ciel irrité.
Des hommes durs et fiers mûris dans les tempêtes,
Ces pilotes noirs et velus,
Otent le lourd bonnet qui pèse sur leur tête
Et viennent t'adorer pieds nus!

Nous arrivons au plateau de Grâce ; nous foulons une fine et verdoyante pelouse protégée contre les ardeurs du soleil par un triple rang d'ormes séculaires dont les rameaux ombragent et sauvegardent, pour ainsi dire, contre la violence des tempêtes, un petit temple agreste dédié à la Vierge protectrice des marins. Sur le bord septentrional du plateau se dessine une grande image du Christ qui semble commander au rivage ; tout est magnificence et majesté religieuse dans ces lieux consacrés par l'admiration, l'invocation et la prière.

A l'orient, des trouées de verdure fournissent les points de vue les plus pittoresques : c'est le Mont-Joly, la côte Vassal, la Seine, Honfleur, dont les toîts ardoisés miroitent sous les rayons du soleil, le clocher d'Harfleur sur la gauche, les terrasses d'Orcher, et, dans un brumeux lointain, d'abord la pointe sauvage de la Roque, puis Quillebeuf et Tancarville.

A l'occident, les rades du Havre, les côtes du Cotentin, indiquées par une ligne bleuâtre, les phares de la Hève, puis enfin, en face de vous, le port et la ville du Havre, gisant au pied du côteau d'Ingouville, et qui semble avoir perdu, par l'éloignement, toute sa vie maritime, toute sa bruyante animation.

Mais reportons nos regards vers la chapelle.

C'est un édifice sans caractère, mais qui s'harmonise parfaitement par sa simplicité même avec la splendeur du paysage qui l'environne : il ne date que de 1606 ; la tradition l'a greffé sur les ruines d'une chapelle dont l'origine a donné lieu à deux versions, l'une qui semble historique, l'autre qui l'est moins sans doute. Voici l'une et l'autre, jugez :

La première dit : Robert-le-Magnifique, duc de Normandie, voulant faire rendre, aux fils d'Etelbert, le trône d'Angleterre, usurpé par Kanut, roi de Danemark, arma, en 1034, une flotte qui partit de Fécamp : mais elle n'avait pas encore aperçu les côtes opposées qu'elle fut assaillie, au milieu de la Manche, par une horrible tempête. Robert courut les plus grands dangers et la nef qu'il montait allait périr, lorsqu'il fit vœu, s'il échappait au naufrage, de fonder sur les terres de son obéissance trois chapelles dédiées à Marie. Aussitôt les vents se calment, la mer s'apaise et le duc débarqua a Guernesey, d'où il repassa sur le Continent.

Là, il s'empressa d'accomplir son vœu de chrétien et sa parole de prince. En quel lieu furent fondées deux de ces chapelles ? L'histoire ne le dit pas : mais il parait incontestable que la primitive chapelle de Grâce fut une des fondations de Robert-le-Magnifique dont un tremblement de terre de 1538 renversa l'œuvre pie.

Voici la seconde version :

Clotilde de Winfeld devait épouser le brave Adhémar, jeune et beau marin qui était allé purger la Manche des forbans qui la désolaient... A son retour, quel désespoir! le châtelain Cordoman, issu du sang des Arabes que le grand Pelage avait chassés des Espagnes, séduit par la beauté de Clotilde, l'avait enlevée, et ce triste évènement eut lieu le jour même fixé pour son union avec Adhémar victorieux... Adhémar remonte sur sa galère, qui fend l'onde comme le cachalot des mers du Nord, cherchant à éviter le harpon du pêcheur. Arrivé près du hameau appelé le HAVRE, on lui apprend que Cordoman s'est arrêté à son château d'Ingouville pour y prendre ses trésors... Adhémar se remet en mer... Il double le cap de la Hève, et à peine est-il à la hauteur de Dieppe qu'il rejoint son lâche adversaire. Le combat fut terrible ; Cordoman reçut le prix de sa perfidie, et Clotilde tomba dans les bras de son libérateur qui remit le cap à la mer pour faire voile vers Honfleur. Mais un violent orage éclate... Le ciel est en feu... La mer prend une teinte livide... Le flot s'élève et devient furieux... Les galeries du navire sont brisées... Les mâts sont rompus... L'esquif, désemparé de son gouvernail, tantôt s'élève jusqu'aux nues et tantôt est précipité dans un abîme sans fond... En cet affreux moment, Clotilde fit un vœu, s'ils échappaient au péril, d'élever à Marie un monument qui rappelât pendant des siècles cette triste aventure. Elle prie avec ferveur... En cet instant, la nef se brise sur un récif. Tout est englouti : mais Adhémar a saisi un débris du navire ; d'une main il soutient Clotilde, de l'autre il nage avec ardeur... Enfin, épuisés de fatigue l'un et l'autre, ils atteignent le rivage où des pêcheurs qui les trouvent évanouis sur la grève les rappellent à la vie... et trois jours après, la veille de son hymen avec Adhémar, Clotilde, les pieds nus, un cierge à la main, les cheveux épars et vêtue d'une robe blanche comme la plume du cygne, montait, suivie de ses jeunes compagnes chantant des cantiques, poser, sur la côte de Grâce, la première pierre du pieux édifice. Aussi, de temps immémorial, la chapelle de Grâce est en grande vénération, non seulement chez les hommes de mer, mais dans toutes les contrées voisines. Ses autels et son image sont ornés des dons offerts par ceux qui l'invoquent : sa voûte, décorée de petits navires, œuvres de mains reconnaissantes, ses murailles, tapissées d'ex-voto, et pas un jour, pas une heure même ne s'écoule sans qu'elle voie à ses pieds, en posture de suppliant, soit la femme ou la fille du marin qui l'invoquent pour l'heureux retour de ceux qui leur sont chers, soit une mère qui l'implore pour son enfant malade.

Là venait dévotement s'agenouiller, en février 1848, par un temps froid, brumeux, et triste comme l'affliction qui assombrissait son âme et ses pensées, une femme, une épouse pleine de douleurs…. Cette femme était reine quelques jours auparavant : un orage venait de briser sa couronne , de disperser ses enfants et ses petits-enfants loin du beau pays de France. C'était Marie-Amélie, l'auguste et sainte femme du dernier roi des Français , recevant à côté de la femme du peuple , moins affligée qu'elle , et , comme elle, les genoux sur la dalle humide et froide, recevant des mains du chapelain de Notre-Dame-de-Grâce le pain de la vie céleste , le pain qui console et raffermit les courages ébranlés par l'adversité.

Comment cette reine, chassée de son royal foyer, était-elle venue sur ce cap battu par les tempêtes demander à la Vierge des douleurs de dissiper les orages qui grondaient sur son époux , sur ses enfants et sur la France ?

Ecoutez : c'est une histoire d'hier, mais vous ne la savez pas aussi bien peut-être que celui qui va vous la raconter : mon conteur est un homme de cœur , de tête et d'esprit, c'est à lui qu'est dû, en grande partie, l'honneur, triste honneur, hélas !. d'avoir favorisé l'expatriation du roi et de la reine. Cet homme c'est M. Adolphe d'Houdetot : vous ne lirez pas , à quelqu'opinion que vous apparteniez , ces deux pages, empruntées à son récit, sans vous sentir dans l'âme quelque généreuse émotion.

Laissons parler notre véridique historien :

» Tandis que Paris consommait la révolution, une

partie de la presse, forcée de se déjuger hautement ou de se montrer implacable, poursuivait de ses clameurs la malheureuse famille, qui n'emportait du trône que le stigmate de la royauté.

» La veuve du duc d'Orléans, arrachée de la Chambre des Députés, où son héroïsme s'était brisé contre tant de cœurs timides, oublieux et ingrats, contre tant de pouvoirs hostiles, incertains et éphémères, avait été recueillie par un ami fidèle.

» Le duc de Nemours, que son titre de régent signalait plus particulièrement aux violences irréfléchies des masses, s'était séparé de la courageuse princesse que sa présence devait compromettre et non protéger.

» Le roi Louis-Philippe, caché dans le fond d'un cabriolet de campagne, se dirigeait vers Dreux, non pour y recueillir de l'or, ainsi que des harpies littéraires l'ont publié... Non pour y attendre un retour du destin, mobile comme le cœur du courtisan !.... mais pour accomplir un saint pélerinage et déposer sur la tombe de son fils les prémices de son infortune ! car à l'heure du souvenir la grande ombre des morts protège seule les vivants !.... Action simple et touchante qui a marqué d'un cachet de grandeur les premiers pas du royal fugitif.

» La sainte reine, isolée de tous, et de tous résumant les douleurs, cherchait moins à fuir qu'à rejoindre ceux que sa résignation pouvait fortifier encore.

» Il est sur le point culminant de la côte d'Honfleur

un petit pavillon isolé, d'où la vue s'étend sur tout le littoral de la Seine : c'est à cette porte hospitalière que frappèrent, le 25 février au soir, les augustes époux. Rien n'était préparé pour les recevoir ; le vieux jardinier, serviteur de famille, commis à la garde du pavillon en l'absence du propriétaire, M. le colonel de Perthuis, n'avait pas été prévenu.

« Pour adoucir l'effet de cet étrange introduction, le général de Rumigny, que le destin avait favorisé en l'associant pas à pas aux intimes tortures de la royauté, s'empressa d'expliquer au jardinier que les deux personnages qui venaient inopinément chercher un abri loin des tempêtes de la capitale, étaient M. et Mme Lebrun, l'oncle et la tante de M. de Perthuis. Mais déjà on était entré, et tandis que le brave général se félicitait sans doute intérieurement du succès de sa noble imposture, tant la réception du jardinier était empressée, confiante et respectueuse, celui-ci l'entraîna doucement dans la salle voisine, et montrant au général les portraits lithographiés du roi et de la reine : « Douterez-vous encore, lui dit-il à demi-
» voix, que je connaisse l'oncle et la tante de mon
» maître !... »

» On s'était compris, le pacte était scellé, et le pauvre jardinier, dépositaire d'un secret d'état, devait le garder plus religieusement que ne l'aurait gardé un homme d'état peut-être ; touchante exagération du point d'honneur ! Depuis bientôt trois ans que ces faits se sont accomplis, les nombreux étrangers qui ont visité le petit pavillon de la côte de Grâce, n'ont pu faire convenir le digne jardinier du mystère qu'il avait protégé.

» A l'aide d'une digression rapide, continue M. d'Houdetot, je ferai pénétrer plus intimement le lecteur dans le petit pavillon qui servait de refuge aux illustres proscrits. Il se composait de quatre pièces, dont une seule à feu, tenant lieu de salon et de salle à manger.

» L'heure des repas surexcitait toujours la gaîté !. Les ustensiles de ménage manquaient, la table était boîteuse, les assiettes fort rares ! L'infortune, on le sait, rapproche les distances mieux que l'amour et la mort ; aussi, toute étiquette ayant disparu, chacun se plaçait au hasard autour de la table ; le valet de chambre du roi, placé auprès de lui, allait, venait, servait et mangeait, tout cela dans le même instant. Bref, pour ne pas prolonger cette digression, la table desservie, la conversation intime reprenait son cours, chacun laissant trotter son esprit la bride sur le cou, comme disait l'inimitable Mme de Sévigné. Sauf quelques petites boutades de l'un et de l'autre, de tous même, hormis du roi et de la reine, on s'occupait fort peu de politique. Parfois le roi faisait à haute voix la lecture des journaux qu'on avait pu se procurer, et recevait à brûle pourpoint, avec un stoïcisme parfait, les décharges de la presse qui, obéissant à la consigne, criait haro sur le thésauriseur emportant des monts d'or. Pour toute réponse, l'avare, mieux, le royal prodigue, d'un air majestueusement piteux, se contentait de frapper sur ses goussets vides, et de montrer sa chemise d'abdication couleur isabelle, qui servit de texte à une piquante anecdote sur l'origine de cette nuance princière ; elle trouvera sa place ailleurs, il fait bon de glaner chez les rois. Le soir venu, le roi se jetait tout habillé sur le canapé du salon ; la reine faible et souffrante, et déjà tant éprouvée, reposait sur un lit de sangle dressé dans la même salle ; et les intimes, trop heureux de leur petites misères, campaient comme ils pouvaient dans les cabinets voisins. »

La suite et la fin de cette histoire : vous la connaissez et nous en retrouverons encore à Trouville, où nous allons vous conduire, un curieux épisode. Le roi et la reine des Français, grâce au zèle de ceux qui s'étaient dévoués à leur salut purent prendre secrètement passage sur le vapeur anglais, qui transporta en Angleterre le couple royal fugitif, exilé, puis expatrié par une loi de la Constituante.

Le pavillon de M. de Perthuis touche à la côte de Grâce : une visite, ne fût-elle que de simple curiosité, est de rigueur à cette maison qui fut le dernier palais habité sur le sol de France par Louis-Philippe d'Orléans et Marie-Amélie.

TROUVILLE

Après la promenade à Honfleur, le touriste qui peut encore disposer de trois jours ne saurait, sous peine de perdre les agréments d'un charmant petit voyage, se priver d'une excursion à Trouville-sur-Mer ou Trouville-les-Bains. Il lui est même facile de combiner ensemble ces deux excursions. Pendant toute la belle saison, c'est-à-dire trois mois durant, un service de voitures publiques a lieu chaque jour entre Honfleur et Trouville. La distance est de six lieues environ : mais la longueur du chemin est amplement rachetée par la beauté des sites au milieu desquels la route est tracée. En sortant de Honfleur on commence à faire connaissance avec le pays d'Auge : c'est déjà de la Basse-Normandie dont l'aspect diffère entièrement de sa sœur, la Normandie-Haute. Paysage, monuments, mœurs, usages, populations, costumes, culture, tout porte un cachet particulier et la dissemblance est frappante entre les deux parties d'une province soumise, aux temps anciens, au même sceptre ducal et presque au même régime féodal. Ce curieux chapitre des comparaisons et des contrastes n'échappera pas à l'œil le moins habituellement observateur.

11

Une voie plus courte, plus prompte et non moins accidentée est la voie de mer ; une traversée de deux heures au plus, du Havre à Trouville, par un des vapeurs qui se rendent une ou deux fois par semaine, et le dimanche surtout, de l'un à l'autre port.

Nous arriverons à Trouville par un de ces steamers et nous vous laisserons tout entier aux impressions de cette promenade dont les incidents varient en raison de l'état de la mer, de la durée ou de la brièveté du trajet, et aussi de la nature des PASSAGERS qu'une bonne ou une mauvaise fortune vous aura donnés pour compagnons de voyage.

Nous voici devant Trouville, Trouville qu'Alexandre Dumas a découvert, comme depuis il découvrit la Méditerranée.

Et si nous disons qu'Alexandre Dumas a découvert Trouville, ce n'est point une mauvaise plaisanterie que nous voulons faire à l'endroit de l'auteur de MONTE CRISTO Il y a quelque vingt ans, l'inépuisable romancier, cherchant des impressions de voyage, se mit en quête sur le littoral. Trouville n'était alors, comme le Havre, il-y a trois siècles, qu'un hameau formé par quelques cabanes de pêcheurs dont les barques gisaient, à mer basse, inactives sur le rivage, c'est-à-dire sur la plus belle plage de France. Là, il s'établit pour quelques semaines : il choisit pour gîte l'auberge de la mère Oseraie à laquelle auberge il donna la préférence par une raison toute simple : c'est qu'il n'y en avait pas d'autre

alors. D'abord, il commença, dans ses écrits, par il-
lustrer son hôtesse ; il propagea dans l'univers et
DANS MILLE AUTRES LIEUX, le nom de la mère
Oseraie, puis il invita ses amis à visiter Trouville ;
l'année suivante, Alphonse Karr et son ami Gataye
imitèrent l'exemple de Dumas ; Ils se firent héberger
à Trouville, se baignèrent dans ses belles eaux, et
l'auteur des GUÊPES confirma tout ce que son
prédécesseur avait dit de cet Élysée maritime, de ce
paradis des baigneurs. Puis, on parla de Trouville à
Paris ; la fantaisie vint à quelques artistes et à quelques grandes dames de faire connaissance avec les
naturels de ce pays perdu. A l'illustration, ébauchée
par les écrivains en renom, succéda l'illustration des
peintres : Isabey, Mozin et quelques autres célébrités
MONTRÈRENT ce Trouville dont les trompettes de la
presse avaient au loin proclamé l'existence. Et Trouville fut créé ; il prit successivement date et renommée.

Les poètes et les peintres, a dit un vieil historien
latin, ont toujours eu le privilége de tout oser, en
termes moins polis, de mentir à bon escient : cette
fois, pourtant, les uns et les autres ont peint et dit
vrai ; encore n'ont-ils pas tout dit.

Mais nous abordons sur cette belle plage dont je
vous parlais tout à l'heure : nous touchons au quai,
car Trouville a un quai ; voici des garçons d'hôtel,
Trouville a des hôtels, mais il n'a plus la mère
Oseraie ; quelques-uns la regrettent, elle et son
auberge et son gros cidre et sa rose crevette. Du

hameau on a fait une ville. Pourtant, tel que la civili-
sation l'a recréé, Trouville est encore pour les
baigneurs une délicieuse résidence : on peut et on
a pu déjà changer sa physionomie agreste ; mais ce
qu'on ne saurait lui ravir, c'est, a dit quelqu'un, la
supériorité incontestable de sa plage sur toutes celles
qui ont la prétention d'offrir des bains de mer : ce
sont les campagnes ravissantes de fraîcheur et de
beauté qui forment ses environs.

Mais laissons à l'observateur le soin d'apprécier
tous les mérites champêtres de la topographie de
Trouville, et bornons-nous à planter quelques jalons
indicatifs des lieux qui doivent attirer plus spécialement ses préférences.

D'abord, un mot de la statistique de Trouville, tel
qu'il est en ce moment sous nos yeux. C'est aujour-
d'hui UNE VILLE peuplée de trois mille habitants,
un port de mer auquel est attachée une légère flottille
de cent bateaux de pêche. Depuis quelques années
le nombre des habitations, et il s'y en construit de
charmantes, augmente dans une proportion dont il
est difficile de prévoir le terme. Trouville est borné,
au nord, par la côte du Havre; à l'est, par une chaîne
de falaises; au sud, par la vallée de Touques; à l'ouest,
par l'Océan et par la rivière de Touques qui vient y
mêler ses eaux à celles de la mer. On y compte
trente rues qui laissent quelquefois, il faut bien le
dire, un peu à désirer sous le rapport de la propreté.
Son quai, très animé aux heures de marée surtout,

est couvert de jolies maisons qui s'offrent au promeneur arrivant par mer sous l'aspect le plus original et le plus gracieux en même temps. On voit que le luxe et le confortable ont déjà passé par là. Trouville a un salon public et bon nombre de salons particuliers. Au salon public, on danse, on joue, on fait de la musique : « On y voit de tout en fait de toilette, écrivait récemment un des presque fanatiques de cette résidence. — Ainsi des habits, des redingotes, des paletots et des manteaux : du coton, de la toile, de la soie, du tulle, des fleurs et des dentelles : chacun y est chez soi et chacun se drape ou s'affuble à sa façon. Il y a une terrasse couverte, et les deux pièces qui bornent à droite et à gauche le grand salon, servent de refuge aux personnes qui, ne voulant ni s'habiller, ni danser, désirent cependant assister aux soirées. »

On vit à Trouville de la vie qu'on veut y vivre. Pour 5 francs par jour on peut se faire loger et héberger convenablement : mais on peut aussi y dépenser beaucoup d'argent. Le baigneur simple et modeste s'y accommode aussi bien que le grand seigneur habitué aux grands usages de la vie fashionable : à ce dernier les plaisirs si vite émoussés de la sensualité gastronomique.

Les habitants RÉSIDANT de Trouville sont affables et hospitaliers : nous en pourrions citer mille exemples ; nous n'en rapporterons qu'un : Lorsque Louis-Philippe abandonna forcément la reine à Honfleur

pour tenter de s'embarquer à Trouville pour l'Angleterre, M. de Rumigny qui l'y avait précédé avait
aussi pris des mesures pour y tenir secrète la présence
du prince jusqu'à l'heure de son embarquement. Il
le conduisit, à son arrivée, dans une petite maison
tenue par la fille d'un vieux marin, Victorin Barbey,
frère du capitaine de port de Trouville. Cette femme,
veuve d'un capitaine de navire, mort dans un voyage
à Messine, est extrêmement pieuse : elle avait conçu
pour la reine Amélie une telle vénération religieuse
qu'elle avait appris à ses enfants à prier devant son
portrait pour la famille royale. Ce fut une étrange
surprise en même temps qu'un grand bonheur pour
cette femme simple et dévouée, de recevoir chez elle
celui qu'on appelait, il y avait quelques jours encore
le roi des Français : elle s'empressa de le servir avec
le zèle le plus affectueux et de préparer ses modestes
repas: le roi passa trente heures dans cette maison
cachée dans le petit passage d'un jardin, puis il
retourna à Honfleur non sans méditer sur cette singu-
larité de la destinée qui lui faisait trouver ses derniers
asiles sur une terre dont les ducs d'Orléans, ses
ancêtres, avaient été les seigneurs et presque les
maîtres.

Trouville a deux églises paroissiales, et depuis sa
réunion à la commune d'Hennequeville, il compte
trois chapelles. Son vieux château, qui date de
Louis XIII et porte le nom de d'Aguesseau, a été
REMIS A NEUF : c'est une résidence très agréable en

même temps qu'un charmant but de promenade que ce manoir implanté sur une colline qui domine le cours de la rivière de Touques et l'Océan.

Si, après avoir vu Trouville, le touriste veut ajouter à la somme de ses plaisirs intellectuels, nous lui indiquerons sommairement les points de cette historique et pittoresque contrée, les plus dignes d'exciter son attention : et, tout d'abord :

TOUQUES, à l'extrémité de la riante vallée de Pont-l'Evêque ; Touques, ancienne baronnie qui, en 1789, avait encore son gouverneur et son vieux château ; Touques où s'embarqua, après la mort de son père, Guillaume-le-Roux pour aller recueillir, en Angleterre, la royale succession que lui avait conquise le belliqueux bâtard. Aujourd'hui Touques est un village, nous dirons un bourg par respect pour sa décadence et ses glorieux souvenirs. Touques qui fut et Trouville qui est : c'est l'histoire d'Harfleur et du Havre.

Touques avait deux églises : l'une, St-Pierre, n'est plus qu'une ruine ; l'autre, St-Thomas, est debout encore et mérite, dans ce qui lui reste de sa construction primitive, l'attention de l'archéologue.

En traversant le cimetière de cette église, vous lirez sur une pierre tumulaire cette singulière épitaphe, composée, dit-on, par celui même dont elle recouvre la poussière :

IL ADORAIT DIEU
AIMAIT SON ROI,
PAYAIT SES DETTES.　　　1829.

BONNEVILLE. — A quelque distance de Touques, sur le versant d'une colline, des ruines encore ! Mais de ces ruines puissantes et majestueuses qui semblent dire : *sta viator heroem calcas !* Ces quelques pierres que vous voyez encore 'debout ont été les confidentes de hautes pensées : au milieu d'elles se sont mûris ces gigantesques projets dont le succès change la destinée des nations, Bonneville, enfin, fut la résidence favorite, le château de prédilection de Guillaume-le-Conquérant. Quelques débris de murailles, une tourelle chancelante, quelques pans de forteresse couverts de broussailles et de lierre, c'est tout ce qui reste du château de Bonneville. Hommes et monuments, poussière.

SAINT-ARNOULD. — A côté des ruines féodales, les ruines religieuses, non moins éloquentes. Sur la rive opposée de Touques, les débris d'un ancien prieuré en grande réputation, il y a de cela moins d'un siècle : cette fois ce n'est pas l'œuvre du temps, c'est l'œuvre de la main de l'homme qui a détruit le monastère antique, aux mauvais jours de la révolution : il n'est resté debout que ce joli clocheton qui se dessine au milieu d'un massif d'arbres et qui surmonte une église sans toît, et des murs qui s'écroulent, et à travers les crevasses desquels croissent en liberté le lierre et la ravenelle sauvage. Près de l'église, une chapelle encore subsistante avec laquelle elle communique par une porte basse placée à côté de l'autel. « Le toît, a dit un moderne cicérone, a résisté jusqu'ici aux assauts des vents d'hiver , l'autel est dressé encore et sur cet autel profané les ravageurs ont laissé quelques orne-ments grossiers, puis un Christ à moitié brisé. Il y a cinquante ans que ces faibles vestiges sont là sur l'autel dépouillé sans avoir reçu une nouvelle insulte. »

Peintres, poètes, artistes, hommes religieux , esprits forts même, visitez par un beau coucher de soleil d'été les ruines de St-Arnould, et si, à leur aspect, vous ne sentez aucune émotion, c'est que Dieu sans doute aura oublié de vous mettre un cœur dans la poitrine. Tout porte à la rêverie et à la prière dans cette sainte solitude.

> Le cœur brisé par la souffrance,
> Las des promesses des mortels ,
> S'obstine et poursuit l'espérance
> Jusques au pied des saints autels,
> Le flot du temps mugit et passe,
> L'Homme passager les embrasse
> Comme un pilote anéanti ,
> Battu de la vague écumante,
> Embrasse, au sein de la tourmente ,
> Le mât du navire englouti.
>
> LAMARTINE.

La commune de St-Arnould possède deux sources d'eaux renommées par leur efficacité dans certaines maladies causées par la débilitation ; celle de St-Clair passe dans le pays pour souveraine contre les maux d'yeux.

LASSAY.— Sur la même colline où gisent les débris du prieuré, un phare, au haut duquel on arrive par un vieil escalier ; c'est tout ce qui reste d'un château du XVII° siècle, bâti en trois mois, par le marquis de Lassay, comte de ·Médaillant, pour recevoir Mlle de Montpensier, la grande Mademoiselle.

BEAUMONT.— Au-dessus de la vallée de Touques, le village de Beaumont, posé sur une colline d'où la vue plane sur les plus belles campagnes de la Basse-Normandie. Le paysage est dominé par un corps de bâtiment qui est tout ce qui reste du prieuré de Beaumont, fondé en 1060 ; c'est le collège dans lequel l'auteur de la MÉCANIQUE CÉLESTE, Laplace, fit ses premières études chez les bénédictins. La commune et le département ont élevé un monument simple et de bon goût à la mémoire de l'homme illustre qui eut son berceau à Beaumont et sa tombe à Paris.

Nous appellerons encore l'attention des promeneurs sur une chaîne de collines déchiquetées par l'action incessante des vagues ; sur le MONT-CANISY au pied duquel s'étend le village de BENERVILLE, dont la mer a dévoré jadis l'église paroissiale, de laquelle il ne reste plus que la tradition. Non loin de Benerville est TOURGEVILLE qui, il y a quelques siècles de cela, se montrait fier de son château nommé le *Hamel*. On n'en voit plus aujourd'hui que l'emplacement : un peu plus loin, SAINT-PIERRE-AZIF (Aux-Ifs), avec sa charmante église romane aux froides murailles, décorées, pourtant, de tableaux admirables, attribués à Jordaens, voire à Rubens ! Véritable trésor qu'envierait à cette modeste église plus d'une illustre cathédrale. Continuez encore votre marche et vous arriverez à Villers-sur-Mer. Là se trouve un château habité, jadis encore, par un marquis devenu célèbre par ses excentricités : un grand seigneur qui portait les morts en terre, sonnait les cloches, chantait au lutrin et se grisait avec des prolétaires : c'était le marquis de Brunoy, riche de quarante millions, et que sa famille voulait faire interdire : vous devinez pourquoi. L'histoire de la vie du marquis est dans l'interrogatoire suivant que lui firent subir ses juges :

— Votre nom ?

— Armand-Louis-Joseph-Paris de Mont-Martel, marquis de Brunoy.

— Votre âge ?

— Vingt-quatre ans et demi.

— Pourquoi avez-vous fait votre société ordinaire d'un fils de paveur et d'un fils de bourrelier ?

— Je ne savais pas, Monsieur, que ce fût mal de choisir ses amis parmi ceux dont le caractère convient au nôtre, dont la simplicité tolérante ne rappelle jamais le rang d'où l'on est sorti ? Bons pour moi, j'ai été bon pour eux. Si la loi ne défend pas d'avoir des amis, qui oblige donc à les prendre dans une condition plutôt que dans une autre ? S'il y a une loi qui en prescrive de telle ou telle autre espèce, pourquoi ne poursuivez-vous pas le bourrelier pour m'avoir fréquenté, comme je suis en cause pour l'avoir connu ? Serait-ce vrai que tous les marquis

d'aujourd'hui, excepté moi, eussent des amitiés irré-
prochables ? il m'a été dit que M le marquis de C...

— Silence, M. le marquis.

— Que le roi de France.....

On se jeta sur le marquis pour le baillonner.

— Que le roi de France était outré de cette conduite.

Il fallut le laisser libre.

— Mais n'avez-vous pas pris le deuil pour la femme
du bourrelier ? A quel titre, puisque cette femme
n'était pas de votre noble et illustre famille ?

— La reine de France n'était pas non plus de ma
noble famille; je pris le deuil de la reine en 1768 et
commandai quatre habits complets pour quatorze
personnes de ma maison. Ce deuil m'a coûté cinquante mille livres.

— Combien y a-t-il de feux à Brunoy ?

— De cent cinquante à deux cents, en y compre-
nant le hameau des Beaucerons, à l'endroit appelé
Soulin.

— Pourquoi vous êtes vous jeté dans des dépenses
d'une superfluité condamnable, en habituant six ou
huit cents malheureux à vivre dans l'abondance ?

— J'avoue que j'ai quelquefois dépassé les bornes
d'une générosité sage ; mais depuis ma résidence à
Brunoy, personne, tant à Brunoy qu'aux Beaucerons
n'est mort de faim, ni ne s'est pendu de désespoir
dans le bois. Depuis sept ans que j'habite le pays, il
ne s'est commis aucun assassinat dans la fôret de

Senart, qu'on peut, grâce au hasard de mes bienfaits, traverser à minuit comme en plein jour. Les plaines de Tigery sont moins heureuses, elles sont infestées de brigands, pauvres vassaux qui obéissent aux descendants des comtes de Gorbeil; Rougeot est un coupe-gorge, Gros-Bois, aussi, Gros-Bois n'est pas dans mes propriétés ; il relève de M. le comte de Provence.

— Mais n'avez-vous pas rempli publiquement les fonctions de bedeau, de chantre, de maître des cérémonies et de sonneur.

— Je me blâme le premier comme bedeau, M. le lieutenant-civil, pour avoir malproprement tenu peut être, la sacristie ; je me condamne comme chantre, pour avoir entonné faux bien souvent le MAGNI-FICAT; je ne me pardonne pas surtout de m'être trompé de quelques coups de cloche ; mais en quoi cela peut-il me valoir la sévérité des lois et le reproche de ma famille ? Mon grand-père sonnait l'heure du dîner à ses hôtes, je n'ai pas été plus sacrilège en sonnant l'heure des vêpres à mes paroissiens.

— Pourquoi avez-vous fait habiller à vos frais, en uniforme avec galons d'or, les chevaliers de l'arque-buse, dont vous êtes colonel, et pourquoi leur donniez vous si souvent à manger ?

— Si M. le lieutenant-civil veut me considérer comme un homme de qualité, il ne doit pas s'étonner que mes inférieurs aient joui de mes largesses. Dieu, disent les grands à leurs fils, a fait des mains aux

manans pour prendre et aux nobles pour donner. S'il
lui plaît, au contraire, de ne voir en moi qu'un
manant enrichi, je dois m'étonner à mon tour
qu'avec les revenus de quarante millions, on ne croie
pas à la possibilité de traiter sans se ruiner des
chevaliers de l'arquebuse.

— Mais votre châsublier, M. le marquis, prétend
être votre créancier de 200 mille livres; on ne dépense
pas 200 mille livres en châsubles.

— Combien doit on dépenser en châsubles, M.
le lieutenant? Est-ce M. le comte de Lauraguais
qui nous l'apprendra, lui qui a acheté deux mille
louis de jarretières à Mlle Arnould ? Mais je ne le vois
pas à mes côtés sur la sellette.

— N'avez-vous pas maltraité un épicier qui vous
refusait de l'eau-de-vie? N'avez-vous pas frappé un
de vos concierges ? N'avez-vous pas injurié un de vos
régisseurs ?

— Il me semble, M. le lieutenant, qu'en pareil cas
ce sont les battus qu'il faudrait interroger.

— Votre mère a donné mille écus à un nommé
Thierret, pour qu'il ne se plaignît pas d'un coup de
pistolet que vous lui auriez tiré.

— Le fait est faux ; à des gens comme nous, on
demande cent mille écus et l'on se plaint ensuite.

— Sans passeport du roi, pourquoi êtes-vous
passé en Angleterre ? Vous aviez violé la loi.

— J'en avais un de l'amirauté ; sur l'ordre de
l'ambassadeur de France, j'ai immédiatement quitté

l'Angleterre pour me rendre ici, où je savais qu'on devait m'interdire. J'ai été au devant de la loi.

— N'avez-vous pas acheté huit chevaux à Londres.

— C'était pour revenir plus vîte.

— Vous justifierez-vous de la société qui vous accompagnait en Angleterre, de ces étranges acolytes ?

— J'étais, M. le lieutenant civil, avec un acolyte du diocèse de Paris, l'ecclésiastique Bonnet, et le curé Valenton.

— N'alliez-vous pas à Londres pour éviter vos créanciers de France ? Qu'alliez-vous y faire d'honnête, enfin ?

— J'allais m'y faire ordonner prêtre par l'évêque catholique Bélou. Ceci est assez honnête.

— N'avouez-vous pas vous-même, enfin ! avoir dévoré votre fortune dans des folies dont il est temps d'arrêter le débordement ?

— Ma fortune était à moi, M. le lieutenant civil, par mon père et par ma mère, dont j'ai été l'unique héritier. Folie ou non, je suis quitte envers tout le monde ; je ne fais pas banqueroute et je ne m'appelle pas Guémenée. Il est vrai que je n'ai pas dépensé ma fortune en maîtresses, ni en galantes infamies, comme un maréchal de Saxe et un duc de Richelieu ; ni en chevaux, le roi aurait payé mes dettes ; ni en bâtiments; je suis bien plus coupable, j'ai doré mon église, qui a été ma maison du faubourg ; j'ai nourri mes habitants ; et si chaque province avait un fou comme moi, la France, à cette heure, ne languirait pas de misère, et le roi Louis XV serait en interdit. On m'interdit, moi, non parce que j'ai mangé toute ma fortune, mais parce qu'il me reste vingt millions d'immeubles au soleil : qu'on m'interdise, j'ai parlé.

Le Châtelet interdit le marquis: mais le Parlement cassa la sentence.

Le château de Villers est habité aujourd'hui par un collatéral de cet homme dont le genre de vie fut une longue satyre contre la noblesse. M. Paris, le propriétaire actuel, fait avec beaucoup d'urbanité les honneurs de cette belle et pittoresque résidence.

ETRETAT

—◇◇◇◇◇◇—

Le littoral de la Manche est le pays des contrastes. La nature l'a traité avec tant de bienveillance qu'elle en a éloigné ce que nous appellerons le fléau des touristes : la monotonie. — Si vous nous avez suivis dans notre brève excursion à Trouville, vous aurez infailliblement conservé souvenir de cette belle plage sur laquelle le flot vient mourir harmonieusement. L'aspect calme et riant des campagnes voisines vous aura laissé des impressions douces comme l'air vivifiant qui en répand au loin les parfums et les senteurs. Vous doutiez-vous qu'à quelques lieues de là, en remontant vers le nord, la scène changerait d'aspect et prendrait un caractère imposant de solennelle grandeur qui effacerait bien vite tout ce qui vous serait resté de la plage trouvillaise.

Il en sera ainsi pourtant, si vous faites entrer dans votre itinéraire de promeneur une visite, quelque courte qu'elle soit, à Etretat et aux falaises abruptes qui le dominent au nord et au midi.

On a rarement occasion de faire une excursion à Etretat par la voie de mer, et c'est vraiment dommage car, du Havre à ce petit port, la côte offre, par ses

déchirements et ses anfractuosités, quelque chose de
si gravement et de si étrangement pittoresque qu'on
se demande dans cette traversée, si c'est encore bien
là cette France dont la capitale n'est qu'à six heures
de vous !

En deux heures et demie on franchit par terre la
route montueuse et accidentée qui sépare le Havre
d'Etretat. On n'aperçoit le vallon, à l'EMBOUCHURE
duquel le village est bâti, que lorsqu'on est près d'arriver au terme du voyage : mais en descendant la
côte méridionale, le premier objet qui frappe la vue,
c'est l'église paroissiale dont le clocher quadrangu-
laire se reflète sur la côte opposée à laquelle il semble
adossé.

On a beaucoup écrit, et tout récemment encore,
sur cette commune qui, elle aussi, est en voie d'accroissement : mais dans une proportion moindre que
Trouville.

Comme son heureuse rivale, c'est encore aux
hommes de lettres, aux artistes, qu'Etretat est rede-
vable de la vogue dont il a commencé, depuis quelques années, a être l'objet. Alphonse Karr y a fait une
longue résidence : il y a placé la scène de quelques
uns de ses meilleurs romans ; des peintres de Paris
sont venus demander aux belles falaises d'Etretat des
inspirations et des points de vue qui, reproduits sur
la toile, exposés dans nos Musées, achetés par ces trop
rares Mécènes qui échangent volontiers leur or contre

les œuvres artistiques, ont porté au loin la renommée de ses naturelles et splendides illustrations.

Tout cela aidant, on est arrivé à connaître Etretat par la littérature et la peinture ; le temps et la curiosité ont fait le reste. Tant il y a que depuis une époque très rapprochée la population de la commune a plus que doublé ! De jolies maisons s'y sont élevées et narguent aujourd'hui les simples et uniformes habitations des pêcheurs. Puisse cette fantaisie inespérée consoler longtemps Etretat des grandeurs qui lui furent promises, et dont de fortuites et fâcheuses circonstances ont empêché la réalisation. François 1er pensa d'abord à y faire un établissement maritime : le Havre eut ses préférences. Un décret de l'empereur Napoléon accordait trente millions pour le même objet, mais sur un plan d'une conception plus vaste et plus grandiose. Les trente millions ne sont pas sortis du trésor impérial, et Etretat est resté modeste port de pêche. Le maquereau, voilà la manne qui, bon an, mal an, fait vivre, sans l'enrichir jamais, la population de ce village. Lorsque le moment de la pêche est venu, il prend une animation extraordinaire et tout à fait digne alors de l'attention de l'observateur : toute cette petite plage caillouteuse, enserrée entre deux falaises, est, à chaque marée, le théâtre d'une activité, d'un mouvement dont il est impossible de donner une idée : vieillards, jeunes hommes, enfants, tout le peuple de ces cabanes et de ces bateaux s'agite comme une fourmilière, et dé

ploie ce qu'elle a de force et d'énergie pour mettre à
profit le temps qui est de l'argent, et cette saison
providentielle de pêche qui dure si peu !

M. l'abbé Cochet, qui a voué sa plume élégante et
savante à la fois, à l'histoire des monuments religieux
de notre pays, n'a eu garde de se refuser ou de nous
refuser le plaisir de nous montrer Etretat, objet spécial de ses affections, tel qu'il est aujourd'hui : nous
allons emprunter deux pages au charmant petit livre
qu'il a publié en 1850, sous ce titre : ETRETAT, SON
PASSÉ, SON PRÉSENT ET SON AVENIR.

« Nous sommes au pied des falaises ; profitons du
peu de temps que la mer laisse cette plage à sec pour
visiter ces rochers célèbres qui font l'admiration des
étrangers. Franchissons ce grand pavage en dalles
de pierres, blanches comme du marbre, et suivons
cet étroit sentier battu par le pied des pêcheurs ; admirons en passant cette sombre verdure de l'Océan
composée d'algues et de varechs qui végétent sur
les rochers... Mais nous voici en face du TROU A
L'HOMME. C'est une grotte immense dont le fond
est dallé de roches blanches recouvertes d'un sable
si fin qu'il passerait dans un tamis de soie. Avancez
hardiment dans cette sombre caverne qui s'enfonce
bien loin dans la montagne, mais n'essayez pas de
pénétrer jusqu'au fond : nul mortel ne le peut plus,
depuis le passage des DEMOISELLES , qui ont établi
leur demeure sur les deux pics qui dominent le ro-
cher comme les tourelles d'un grand château.

» Maintenant retournez-vous vers l'entrée de la grotte, puis contemplez, au reflet du jour, la mousse épaisse qui tapisse les parois des murs : ne vous semble-t-il pas voir une riche tenture de velours cramoisi, semblable à tout ce que l'on raconte des palais des fées.

» A mesure que l'on sort du Trou à l'Homme, on sent son cœur soulagé et un poids de moins pèse sur la poitrine, la nature semble plus belle et la lumière du jour est devenue plus éclatante.

» A droite de cette grotte, près de la pointe de Groquets est une lanterne percée à jour qui s'élance vers le ciel et à qui sa forme, ronde comme l'orifice d'un puits, a fait donner le nom de CHAUDIÈRE : elle rappelle au voyageur Normand la belle tour gothique de l'abbaye de St-Ouen avec ses charmantes petites flèches dentelées : mais notre couronne à nous a été sculptée par la main des fées : montez plutôt sur la côte, et vous verrez encore leurs danses empreintes sur le gazon toujours vert.

» A gauche du TROU A L'HOMME se trouvent réunies les plus grandes merveilles que la nature puisse offrir, dans notre France pittoresque: la Porte d'Aval et l'Aiguille d'Etretat. Quel obélisque, quelle pyramide pourront jamais surpasser cette majestueuse aiguille qui semble sortie de la mer à la voix d'une divinité? Quel portail de cathédrale. Quel arc de triomphe pourra jamais égaler ce grand portail de l'Océan qui borde nos falaises, cette ogive colossale

dont le créateur seul connaissait le modèle. « La
» vue de cette sublime arcade avec le voisinage de
» la mer, a dit M. Guilmeth, écrase l'esprit le plus
» élevé, exalte l'imagination la plus froide. On dirait
» que Dieu a voulu donner à l'homme, dans les
» falaises d'Etretat, un modèle de ce que l'homme a
» pu produire de plus parfait en architecture. »

» C'est cette aiguille que l'artiste vient chercher à
Etretat : mais c'est dans un jour de tempête qu'il faut
la peindre : c'est lorsque l'Océan se soulève de son
lit de sable et s'élance vers les cieux ; c'est lorsque
la mer furieuse précipite ses vagues entre ses grandes arches et autour des rochers géans ; lorsque les
mauves jouent, en criant de joie, dans l'écume des
vagues; lorsque de pâles éclairs sillonnent une longue
file de nuages, que le carreau déchire la nue, ou que
le roulement du tonnerre retentit dans les antres
mugissans ; lorsque les navires roulent ballotés au
gré de la tempête, ou que les débris d'un naufrage
couvrent la grève blanchie d'écume.

« Tout ce que j'avais vu dans mes voyages sur
» mer, me disait un navigateur ; la mer se brisant
» dans les gorges étroites des Antilles ; les vagues
» furieuses déchiquetant les rochers de la Nouvelle-
» Zélande, la tempête fumant sur les Pennemark ,
» rien de tout cela ne m'avait donné l'idée de l'Océan
» frappant sur les rochers d'Etretat. »

» Mais profitons des derniers instants de la marée
basse pour achever notre excursion : entrons sous le

second portique appelé la MANPORTE, arcade immense de forme circulaire, sous laquelle passerait un navire toutes voiles dehors. Nous voilà enfermés dans une vaste salle en rotonde, appelée le PETIT-PORT, véritable palais magique dont les parois sont d'immenses falaises découpées à jour en pyramides et en festons, dont le parquet est la mer et la voûte l'azur du ciel. Contemplez ces masses de rochers menaçans dont le sommet semble près d'écraser par sa chûte le faible voyageur qui rampe à leurs pieds.

Du PETIT-PORT on traverse une pointe de falaise, avancée sur la mer et sur laquelle on a construit une batterie pendant les guerres de l'Empire, c'est la COURTINE, d'où l'on aperçoit le cap d'Antifer : là se trouve le fameux ROC AUX GUILLEMOTS, si cher aux chasseurs et aux naturalistes.

« Je n'ai jamais vu, dit M. Adolphe d'Houdetot,
» l'auteur du CHASSEUR RUSTIQUE, pratiquer cette
» chasse ailleurs que sur un seul point du littoral
» de l'Océan, dans les falaises d'Etretat. Là des
» Guillemots aux aîles étroites et courtes en occupent
» par milliers les points culminans : ils y font leurs
» nids : mais à une hauteur telle qu'il faut être armé
» de fusils du plus fort calibre. Alors, et en choi-
» sissant l'époque la plus favorable — la fin de mai —
» on en tue des quantités immenses : l'embarcation
» en est pleine : car, ainsi que vous le supposez, la
» scène se passe au bord de la mer, à la marée
» montante. Il faut donc être un peu marin pour se

» livrer à cette chasse, sans éprouver les maux de
» cœur et tout ce qui s'ensuit.

» Le guillemot est un oiseau des régions arcti-
» ques: le capitaine Ross a vu, durant son voyage,
» des champs de glace qui en étaient couverts à
» perte de vue.

» Chasseurs et autres qui visitez le Havre, allez à
» Etretat, lors même que le passage des guillemots
» serait terminé: vous jouirez de l'un des plus magni.
» fiques spectacles que la nature ait offerts aux
» regards de l'homme.

» La vue des falaises d'Etretat vaut, à elle seule, la
» plus belle des ouvertures de chasse, surtout pour
» celui qui n'est pas chasseur. »

» Au haut de la falaise dont nous venons d'explorer
les bases, en suivant les bords, se trouvent les ruines
du vieux château de Fréfossé — à deux kilomètres de
là, le fort du même nom : un nid d'aigle sur la pointe
des rochers. Pour y aborder du côté du rivage , il
faut escalader une falaise de 300 pieds, droite et
lisse comme un mur. Le seul côté accessible par terre
est défendu par une coupure naturelle de 200 pieds
de profondeur. Là se retiraient les seigneurs de
Fréfossé, lorsque l'ennemi les chassait de leur château; de là ils tiraient, au moyen d'une coulevrine ,
aujourd'hui déposée au Musée. de Rouen, sur les
navires qui refusaient le droit de péage ou le salut
à St-Pierre-de-la-Manche, dans l'église d'Etretat.

» De l'étroit sentier qui descend de la plate-forme,

on arrive à la CHAMBRE AUX DEMOISELLES : ce
sentier semble un pont jeté sur l'abîme : devant vous
deux pics isolés que l'on prendrait pour deux sœurs
jumelles, dans un de ces pics, une grotte taillée dans
le roc par la main des hommes et célèbre dans tout
le pays sous le nom de CHAMBRE AUX DEMOI-
SELLES. Du plateau de ces chambres le point de vue
est magnifique.

» La côte du Mont nous offre d'autres merveilles.
Là se voit le TROU A ROMAIN dont nous laisserons
à M. Alphonse Karr le soin de vous raconter les
curieuses aventures :

» Romain Bisson, fils d'un pêcheur d'Etretat,
» avait été accoutumé dès son enfance à parcourir
« les rochers pour prendre du coquillage et arracher
» du varech. Quand vint la conscription, Romain
» fut trouvé bon pour le service; mais il le refusa,
» préférant à l'état militaire une vie semée de plus
» de périls que celle des champs de bataille. La vie
» sauvage qu'il avait menée dès son enfance, une
» physionomie sombre et un caractère farouche le
» tenaient pour ainsi dire éloigné de ses compatriotes.
» La pensée de quitter ses rochers lui était devenue
» insupportable; au lieu de rejoindre, il se cacha
» dans un trou de cette falaise où, la nuit, du haut
» de la roche, ses parens lui envoyaient, au moyen
» d'une corde, du pain, de la viande, du cidre et
» de l'eau.

» Ceci se passait en 1813. Les choses restèrent

» ainsi pendant un an. Mais, un soir, des marins
» revenant de la pêche, apperçurent une flamme qui
» sortait de la falaise : on en causa, la falaise fut
» observée, et bientôt on découvrit que c'était Romain
» qui allumait le feu dans la grotte où il s'était caché
» après le départ des jeunes conscrits.

» On fit avec des porte-voix plusieurs sommations
» à Romain de descendre: il répondit qu'il ne voulait
» pas être soldat. On lui dit que s'il ne voulait pas
» descendre, on le prendrait et on le fusillerait : il
» répliqua qu'il aimait mieux mourir que d'être sol-
» dat. On tenta l'escalade, mais il n'y avait pas
» moyen d'arriver par des échelles à une hauteur de
» 200 pieds : quelques soldats tentèrent de descendre
» avec des cordes du haut de la falaise, mais
» Romain cassait les cordes et les exposait à se
» rompre les os. On fit avec la hache quelques
» degrés dans la falaise pour la pouvoir gravir, mais
» Romain faisait tomber sur les travailleurs une
» grêle de pierres qui les décourageait. On en référa
» au sous-préfet qui répondit qu'il fallait, pour
» éviter qu'un si fâcheux exemple eût des imita-
» teurs, s'emparer de Romain, mort ou vif, à quel-
» que prix que ce fût. On fit de nouvelles sommations
» à Romain, puis on tira des coups de fusil. Romain,
» à chaque décharge, s'enfonçait dans sa caverne,
» puis ripostait par des pierres et des morceaux de
» roches. Il soutint le siège pendant quatre jours.
» Alors, manquant d'eau, le palais et la gorge dessé-

» chés, épuisé par une fièvre ardente, il voulut
» profiter de ce qui lui restait de forces pour s'échap-
» per. On était à la pleine lune, la mer, basse vers
» quatre heures, était, à dix à sa plus grande
» hauteur; il passa tout le jour à amasser des
» pierres.

» Il faut que je vous fasse ici bien comprendre la
» falaise : à cet endroit, elle s'élève à 300 pieds. Une
» roche de cent pieds d'élévation, appuyée sur la fa-
» laise, s'avance de 10 à 15 pieds vers la mer. Quand
» Romain jetait des pierres, les soldats se réfugiaient
» derrière cette roche. Quand la mer commença à
» monter, il ne leur permit plus de séjourner au-des-
» sous de sa caverne : ceux qui s'y exposaient rece-
» vaient d'énormes pierres. Bientôt les lames virrent
» frapper jusque sur la roche. Romain, alors, épuise
» le reste de son artillerie; on lui riposte par
» quelques coups de fusil ; mais l'obscurité dégoûta
» les soldats de tirer au hasard : ils se réfugièrent
» derrière la roche. La mer, en ce moment, était ar-
» rivée à sa plus grande hauteur : elle battait la ro-
» che et rendait le passage impossible. Romain
» alors descendit ; s'aidant des pieds et des mains,
» profitant de la moindre pointe, marchant où les
» oiseaux seuls avaient pu marcher avant lui; les sol-
» dats l'aperçurent, mais la mer qui venait jusqu'à
» la roche ne leur laissait aucun moyen de l'attendre
» au-dessous de la caverne. Nouvelle décharge de
» mousqueterie... mais Romain a disparu.

» Le lendemain on ramassa, sur le galet, sa
» blouse et ses sabots ; on fit de vaines perquisitions
» pour le retrouver, on ne put le découvrir.

   » Romain reparut en 1814. Mais l'amnistie accor-
» dée aux déserteurs ne permit pas de le poursuivre.
» — Dix ans après, il terminait ses jours en se pré-
» cipitant du haut de cette même falaise qui les
» avait si longtemps protégés. Était-ce l'amour ou
» l'exagération des idées religieuses qui l'avaient
» porté au suicide ?... C'est un secret que Romain a
» emporté dans la tombe. »

   Ce secret semble pourtant avoir été pénétré par un
écrivain moderne qui raconte ainsi la dernière jour-
née du déserteur :

   « Romain Bisson revint à Etretat à 9 heures du
soir, par une brumeuse soirée d'automne. Il n'y
avait, dans tout le village, d'ouverte, qu'une seule
porte, au-dessus de laquelle on lisait : BON CIDRE A
DÉPOTAYER. Romain Bisson entra, s'assit et invita
le cabaretier, qui se trouvait seul, à partager avec lui
un pot de cidre.

   L'hôte, surpris de la visite d'un étranger à cette
heure indue, entama le premier la conversation :

   — Vous n'êtes pas de ce pays ?

   — Non, mais j'y ai passé il y a longtemps, sous
l'AUTRE. C'était à l'époque où un certain Romain
Bisson faisait beaucoup parler de lui. Avez-vous idée
de ça ?

Malgré l'indifférence affectée de l'inconnu, il tremblait en prononçant ces mots.

— Parbleu, dit l'hôte, qui est-ce qui n'a pas su cette histoire ? On l'a cherché assez longtemps : mais il paraîtrait qu'il s'est embarqué sous un faux nom sur un corsaire du Havre et qu'il est mort prisonnier en Angleterre. Il n'y a pas plus de six mois que sa mère est enterrée, la pauvre femme, elle était diablement âgée.

L'étranger garda le silence ; mais, sans ôter ses coudes de dessus la table, il fit claquer ses mains l'une contre l'autre et les joignit avec violence en poussant un profond soupir.

— Tiens, reprit le cabaretier, ça paraît vous faire de l'effet : est-ce que vous connaissiez cette famille ?

— Un peu, balbutia l'inconnu. Romain ne devait-il pas épouser une nommée Madeleine Lebreton ?... Qu'est-elle devenue ?...

— Madeleine !... c'est ma femme.

— Bah !

Cette exclamation révélait un amer désappointement, une vive douleur, une stupéfaction profonde.

Ça n'a rien d'étonnant, dit l'hôte sans s'émouvoir ; elle ne pouvait pas toujours rester fille, parce qu'il avait plu à son futur de décamper.

L'étranger avait le front entre ses mains et ne répondait pas.

— Barnabé ! cria en cet instant une voix, est-ce

que tu ne fermes pas ? il est tard et nous serons mis à l'amende.

— Une minute, Madeleine ; je cause avec un monsieur ; couche les enfants et je suis à toi.

Poussée par la curiosité féminine, Madeleine descendit dans la boutique. En l'entendant venir, l'étranger s'était levé, avait jeté sur la table une pièce de monnaie et il tenait la clé de la porte, au moment où Madeleine se présenta ; il ne put s'empêcher de détourner la tête pour regarder celle qu'il avait tant aimée. Elle le reconnut aussitôt.

— Ah ! mon Dieu ? s'écrie-t-elle, c'est Romain !

— Adieu, Madeleine, adieu ; voici l'alliance que vous m'avez donnée il y a huit ans. Vous ne me verrez plus.

Il jeta la bague à ses pieds et sortit en courant du côté de la mer. L'hôte s'élança sur ses traces, et lorsqu'il arriva sur la grève il entendit un cri d'angoisse se mêler au mugissement des flots. »

Après une visite à ces œuvres si grandes et si sublimes, que la main du créateur semble avoir semées avec une si prodigieuse libéralité sur ces rivages, il nous reste à jeter au moins un regard de curiosité sur l'édifice religieux que la piété de l'homme a élevé de ses mains faibles, mais intelligentes, pour honorer son créateur et l'y adorer dans son sanctuaire : dirigeons donc nos pas vers l'église de Notre-Dame, isolée du village et bâtie dans un vallon solitaire, éloigné du centre de la population. C'est un vaisseau de belles et vastes proportions, un abrégé de la célèbre église du monastère de la Ste-Trinité de Fécamp. Le plan en est simple, les formes en sont sévères : on retrouve, dans ses différentes parties, l'ogive et le plein-cintre : son portail se compose d'une arcade romane. La simplicité primitive en a été gâtée par un rapetissement qui porte le cachet du mauvais goût du XVIIᵉ siècle : mais ce n'est pas la seule trace que montre cet édifice des modifications qu'il eut à subir à cette époque.

« Le plus beau morceau de cette église, a dit l'his-
» torien moderne, qui s'est complu dans sa mono-
» graphie, c'est la lanterne supportée par quatre
» grands piliers tapissés de prismes et de colonnettes.
» La voûte en est si hardiment jetée, les colonnes
» sont si finement élancées, les ouvertures sont si
» mystérieusement pratiquées, le jour est si sombre
» que, là, le sentiment religieux vous pénètre jus-
» qu'au fond de l'âme. »

Sous le clocher fut enterrée, à l'époque de la révolution, la statue de St-Pierre-de-la-Manche, que l'on disait avoir été trouvée par des pêcheurs, en hâlant leurs filets dans le FOND-BÉNI. Le saint appuyait sa main sur une ancre et portait un câble serré autour du cou. Les pêcheurs avaient tant de respect pour ce saint de la mer, que toutes les barques étaient obligées de le saluer à leur passage, en hissant leur pavillon. Celles qui ne s'y soumettaient pas étaient averties de leur devoir par une décharge des coulevrines du fort de Fréfossé.

La plage caillouteuse d'Etretat, la profondeur de la mer qui baigne le pied de ses falaises semblent d'abord des obstacles sérieux aux étrangers désireux de passer à Etretat, ce qu'on appelle, dans certain monde, la saison des bains ; mais, après quelques jours de résidence, il est facile de se convaincre qu'on peut s'y baigner aussi aisément que sur un autre littoral plus renommé : il s'agit de choisir les BONS ENDROITS et il ne manque pas dans ce village d'habitans toujours bien disposés à servir d'excellens indicateurs. On peut même ajouter que la disposition d'Etretat' dont le port est ouvert aux vents d'ouest-sud-ouest rend, dans certaines circonstances, les ablutions dans ses eaux plus énergiques et plus efficaces que celles faites sur une rive plus tempérée et sablonneuse. Ainsi, on y comptait, l'année dernière, plus de 300 baigneurs, très satisfaits du calme et du repos qu'ils trouvaient dans cette baie maritime , « séjour de la paix champ- » pêtre et de la simplicité antique. »

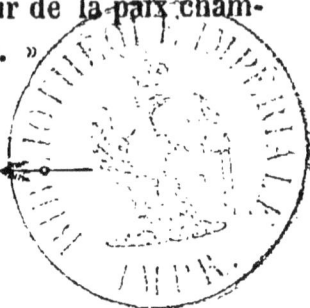

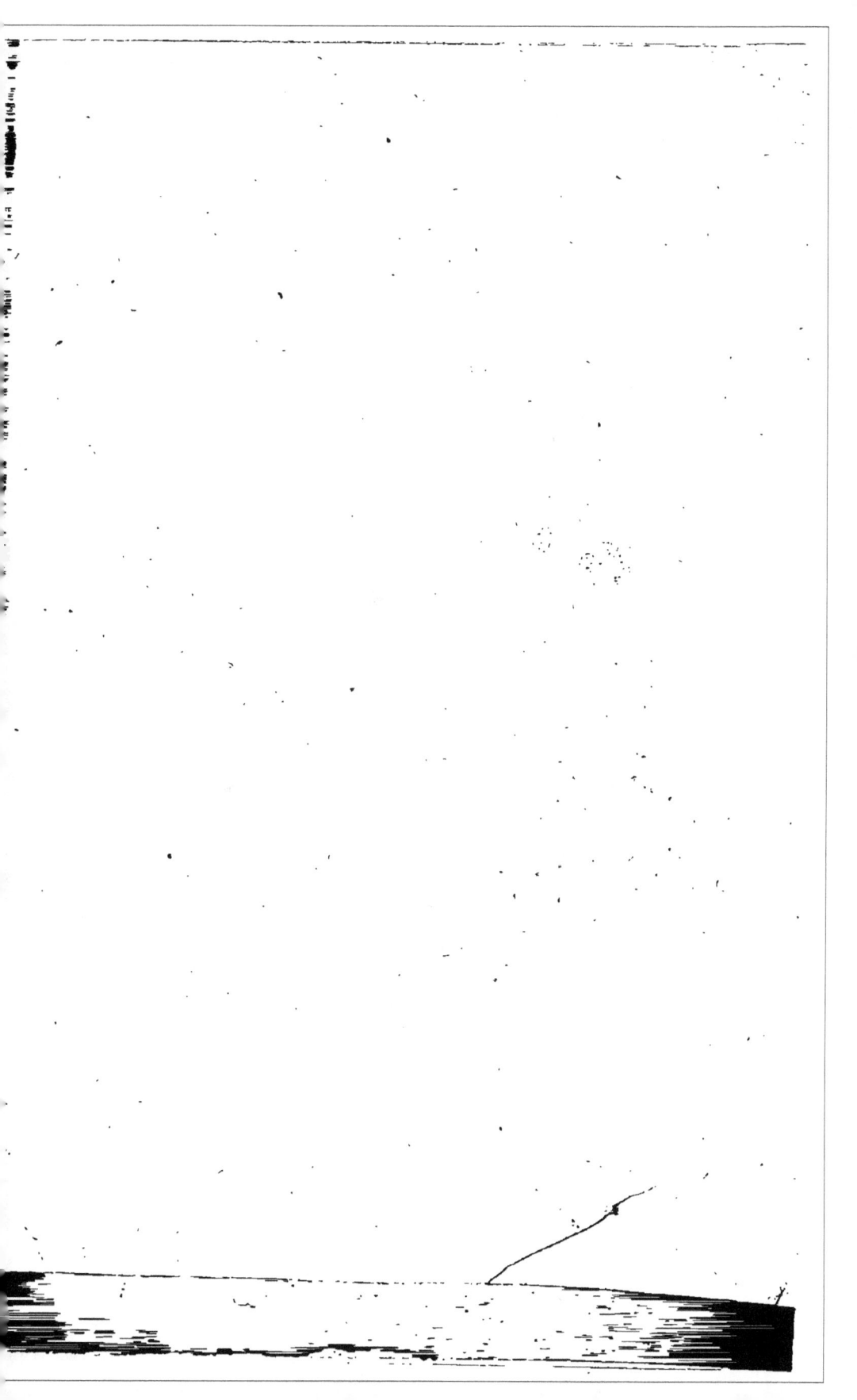

LIBRAIRIE de Mme BERTIN

Rue de Paris, 51, au Havre.

Guides du Voyageur en France et à l'étranger, en français et en anglais.

Manuels de la Conversation, pour toutes les langues.

Dictionnaires de Poche, pour toutes les langues.

Un Million de **Plaisanteries.**

de **Bétises.**

de **Calembours**, etc.

Tous les Ouvrages de la **Bibliothèque Charpentier.**

Les **Manuels Roret.**

Ouvrages illustrés à 20 Centimes.

Toutes les Publications paraissant par livraisons.

Les **Livres de Piété.**

Les **Éditions de Luxe.**

Ouvrages Classiques.

Grand choix d'**Ouvrages Nouveaux.**

ABONNEMENT DE LECTURE

Au Mois et au Volume.

www.ingramcontent.com/pod-product-compliance
Lightning Source LLC
Chambersburg PA
CBHW071954090426
42740CB00011B/1942